道義国家日本を再建する言論誌

維新と興亜

第十六号

題字　柳田泰山

維新と興亞

第十六号　目次

【巻頭言】中国脅威論の背後にある黄禍論

サッカーのワールドカップ・カタール大会で、日本は見事にドイツに逆転勝利した。次のコスタリカ戦では敗れたものの、強豪スペインを撃破した。その直後に配信された番組（ニュースサイト「WELT」）で、事件は起きた。出演したドイツの元プロサッカー選手ジミー・ハートウィグ氏が、ドイツ代表に厳しいコメントをした上で、「チン・チャン・チョン」（Ching, Chang, Chong）と発言し、両手を合わせながらお辞儀する振る舞いを見せたのだ。

「チン・チャン・チョン」は、アジア人を馬鹿にする際に使われる最悪の差別用語だ。中国語の言語を真似たものであり、もともとは中国系を嘲笑する際に使われていたが、やがて中国系だけではなく、日本人を含めアジア人を差別する際に用いられるようになる。

ミュンヘン出身の日独ハーフで、現在日本でエッセイストとして活動しているサンドラ・ヘフェリンさんは、ドイツ人の耳には、日本語も中国語も韓国語もベトナム語も全部、響きとして「チン・チャン・チョン」と聞こえることがあるようだと書いている。

新型コロナの感染が武漢で最初に拡大したことから、アメリカなどでは、中国系だけではなく、日本人などアジア系全体に対する差別や暴力が拡大した。カリフォルニア州立大サンバーナディーノ校の「憎悪・過激主義研究センター」によると、米国の主要十六都市で二〇二〇年に起きた憎悪犯罪は二〇一九年の約二・五倍に急増した。「武漢ウイルス」の連呼が、欧米社会で日本人までもが差別を受ける結果をもたらすということである。

欧米におけるアジア系差別の歴史は古い。遡れば、アメリカでは一八八二年に「中国人排斥法」が成立し、やがてアジア系移民の排斥に拡がっていった。

さらに欧米では黄禍論が高まっていく。黄禍論は、モンゴル帝国を始めとする東方系民族の侵攻の歴史によって呼び覚まされる。日清戦争における勝利による日本の遼東半島領有は、露独仏による三国干渉を招いたが、それはドイツ皇帝ヴィルヘルム二世の黄禍論に根差していたのだ。欧米の指導者たちは、アジアで強大な国家が生まれることを恐れる。同時に彼らはアジア諸国が団結することを恐れる。

だからこそ、欧米は日露戦争に勝利した日本に対する警戒感を高めたのだ。シカゴ大学のフレデリック・スタール教授は「日露戦争は東洋と西洋の戦争であり、ロシアの敗北は黄色人種の勃興と白人の没落を意味する」と断じた。翌一九〇六年にはアメリカ西海岸にアジア人排斥同盟が結成される。一九二四年にはアメリカでいわゆる「排日移民法」が成立する。やがて、日本は大東亜戦争に突入、最後は原爆投下によって叩き潰された。アメリカはその過程で、「侵略国家」、「国際秩序を乱す軍国主義国家」として日本を断罪した。

アメリカ政府の意向に沿って編纂され、占領下の日本人洗脳に活用された『太平洋戦争史』は、日本政府が治安維持法制定以来、国民の言論圧迫を強め、人権を抑圧していたことを強調していた。

そしていま、アメリカの覇権を脅かす中国は、欧米から厳しい批判を浴びている。その批判の多くが、かつて欧米が日本に浴びせた批判と重なる。もちろん、戦前の日本と現在の中国を同列視するつもりは毛頭ない。筆者が指摘したいのは、中国の台頭が新たな黄禍論に火をつけている現実である。二〇一九年四月、米国務省政策立案局局長のキロン・スキナー女史は「東西冷戦は西洋諸国(Western Family)の間での戦いだったが、中国は西側の思想、歴史から産まれたものではない。米国は白人以外と初めての大きな対立を経験しようとしている」と述べた。

もちろん、わが国は中国に対する防衛を怠ってはならないし、中国の覇権主義を許してはならない。しかし、欧米の指導者の中国脅威論の背後にある黄禍論の存在を忘れてはならない。

(坪内隆彦)

【時論】日中戦争を繰り返さぬために今こそアジア主義に学べ

浦安市議会議員　折本龍則

先日、板橋で弊誌共催の「大アジア主義とは何か?」講演会を開催し、筆者も「頭山満と内田良平」と題して発表した。

いまどき「アジア主義」などと言うと、隣国チャイナや北朝鮮が我が国の主権を脅かしているのに何を寝ぼけたことを言っているのか、近代日本史の最大の失敗はシナ大陸に手を伸ばしたことだ、シナや朝鮮と関わるとろくなことがないから脱亜論で行くべきだ、などと反論される。

たしかに習近平による独裁体制のもとで覇権主義を突き進む現在の中共政府と我が国が友好関係を築けるわけがない。しかし、「日米同盟強化」や「対中抑止」の名の下に軍備を増強し続ければ、中共との対立はエスカレートし、このままいくと日本とチャイナは戦争になるだろう。しかしその際、戦場になるのはシナ大陸でもアメリカでもなくその緩衝国である我が国であることを忘れてはならない。

いまやアメリカは明確にチャイナを敵視し、日本を使ってチャイナを封じ込めようとしているが、アメリカの口車に乗って米国製の兵器を買い集めイケイケどんどんでチャイナに対抗しても、核武装している国同士は戦争をしないが、通常兵器しか持たない我が国は容易に侵略を受ける。

かつての日中戦争で我が国は蒋介石率いる重慶政府と戦ったが、その戦争の勝者は誰であったか。それは我が国でも蒋介石でもない。中国共産党だ。すなわちアメリカは門戸開放宣言以来、思い上がった「明白な使命」に基づいてシナ大陸に介入し、我が国の大陸における特殊権益を排除するために国民党政府を支援した。しかしその国民党政府はコミンテルンの指導下にある中国共産党の分子が潜入し、我が軍を挑発して泥沼の戦争に引きずり込んだのである。

その結果、蒋介石はアメリカによって我が国を駆逐することには成功したが、国共内戦によって自らも大陸から駆逐された。このような事態を危惧したからこそ、頭山満翁は、日中戦争を最大の恨事とし、重慶政府との和平工作に尽力したのである。

本来、孫文の革命運動は「三民主義（民族・民権・民生）」を大義とする漢民族ナショナリズム革命であった。しかし普遍的正義を掲げるアメリカの干渉の結果、シナ大陸は共産主義に覆われた。我が国もまたアメリカの占領支配下で「自由と民主主義」を押し付けられ民族の伝統を封印された。かくして東アジアは左右の普遍主義によって分断されたのである。しかし共産主義もそれに対する民主主義や資本主義も、唯物功利的個人主義に基づいた近代イデオロギーの二卵性双生児に過ぎない。これに対してアジア民族には、忠孝道徳に基づいた農本的大家族主義の伝統がある。頭山翁等興亜陣営は、こうしたアジア民族の共存共栄による王道秩序建設を目指したのだ。

近年覇権主義を突き進む中共政府もアメリカが生み出した怪獣に他ならない。すなわち改革開放以来、アメリカ主導の自由主義経済に参入したチャイナは、急速な経済成長を遂げ、その成長と国内体制を維持する為に帝国主義的拡張政策に依らざるを得ないのである。一方の我が国は、近代資本主義の極致ともいうべきグローバル資本主義によって、家族や地方社会といった伝統共同体が解体され、資本主義を維持するために同じアジア民族を「技能実習生」と称して奴隷のように酷使している。そこには道義の欠片もない。

我々の敵はチャイナではなくアメリカに従属し近代普遍主義に支配された己自身の醜さだ。たしかに今の中共の覇権主義は断固防遏せねばならないし、中共が本来の漢民族国家に脱皮しない限り日中友好はありえない。しかしそのためには先ず我が国が事大主義を克服して対米従属から脱却し民族の伝統に回帰（維新）せねばならない。

かくしてアジア民族があらゆる覇権を排して、それぞれ独立し連帯した時にアジアに道義的秩序が打ち立てられ真の恒久平和が確立されるだろう。そのうえで、戦前の興亜陣営が維新運動の中核となり、アジアの独立運動を支援した歴史的事実は、かけがえのない歴史的遺産だ。だからこそ我々はいまこそアジア主義に学ぶ必要があるのである。

【時論】クリスマスの馬鹿騒ぎとリベラリズムの醜悪

本誌副編集長　小野耕資

今年も十二月を迎え、クリスマス商戦が意識される頃となった。クリスマスはキリスト教的由来がほとんどない、ただの資本主義的なイベントである。

クリスマスはキリストの誕生日とされているが、それには聖書に由来するような根拠は何もない。ただ冬至の祭りにあわせてローマ教会がそう設定したというだけのことなのだ。ここまではあらゆるイベントの由来によくある話で、これで終わるのであれば何もうるさく言わなくてもということになるのかもしれない。

日本ではなぜかキリスト教と関係のないサンタクロースが子どもたちにプレゼントを持ってくる。もちろんいちおうサンタクロースは古代ローマにおけるキリスト教司祭のミラのニコラオスが起源とされている。だがそれは現代のサンタクロースとほとんど何の因果関係もないといえるほど変容したものである。サンタのあの姿はヨーロッパの土俗信仰が合わさる形でああなったのだが、それが一層定着したのはコカ・コーラの広告によるものである。

ちなみに戦前日本にもクリスマスは伝わっていた。最初に三越が明治四十年に贈答品としてクリスマスの広告を打ったという。大正時代にはラジオ放送でさらに広まっていった。だが大正天皇が崩御されたのが十二月二十五日だったことで、クリスマスを祝うことに対して異論も噴出した。昭和二年には上杉慎吉が「大正天皇が崩御された日にメリークリスマスと祝うなど不謹慎だ」と述べ、柳田国男は「今年に限って自粛するのは賛成」と述べている。戦前においては、クリスマスは馬鹿騒ぎする日であり、家族や恋人と過ごす日ではなかった。ちょうどいまのハロウィンがそれに近いと言える。急に恋人めいてくるのは戦後の女性誌の登場による。そこで「恋人とデートする日」だと煽りたてられ、高度経済成長やバブルの風潮にのって一気に「そういう日」になってしまったのだ。

潮目が変わるのはバブル崩壊である。バブル崩壊により不況が常態化し、豪勢に恋人と過ごす雰囲気は衰えつつある。代わって盛んになってきたのはハロウィンである。もとは子どもがお菓子をねだりにいく日だったはずだが、なぜかそうしたことは忘れ去られ、仮装して馬鹿騒ぎする日になってしまった。クリスマスもハロウィンも由来なんか怪しいもので、商業的動機から捏造され宣伝されるに過ぎないので、その時々の商売ニーズによって節操なく内容が変えられていく。

こうした商売的馬鹿騒ぎが必要とされるのは、生地を捨てて都市に集結するリベラリズムと資本主義の合わせ技による鬱憤の捌け口が必要とされたからであろう。もう少し閉じた共同体であれば村祭りがその機能を担っただろう。しかし個人主義が蔓延し、ムラの祭りが衰退した現代日本では、うっぷんのはけ口は地域の祭りではなくて外来のイベントを商業都合で変容させたものが担うこととなった。このイベントは外来である事がポイントで、ようは国民が由来を知っている伝統的イベントでは基本的に都合が悪いのである。イースターだのブラックフライデーだの日本人がその由来を知らない方が商人にとって都合が良いわけである。「知らんけどとにかくカネを使え」というわけだ。年中行事は本来季節の変わり目や農業的由来などによってなされるものだが、人々が農業をやめて工業に行き、サービス業を担うサラリーマンになっていくと、季節や農業の折り目はどんどん意味をなさなくなっていった。そうして年中行事が力を失うと同時に、代わって出てきたのがいかがわしい商業行事というわけである。クリスマスやハロウィンはまさしく資本主義が自らを維持するために必要とした伝統破壊のひとつと言えよう。こうした資本主義の動きを近年では「祝典便乗型資本主義」というらしい。もちろんこれはナオミ・クラインの「惨事便乗型資本主義」を文字ったものである。オリンピックやワールドカップなど、祝い事に便乗して市場原理主義を推し進めることはグローバリストの常套手段と化している。政府権力やグローバル企業が結託し「パンとサーカス」のサーカスばかりにイベントを演出しながらカネをかすめ取っていく時代になったのである。近代的リベラリズムによるこうした醜悪な商売的馬鹿騒ぎにいつまで付きあっていかなければならないのだろうか。

瑞穂の国の破壊者たち

食料安全保障推進法制定を急げ！

「有事には日本人の6割が餓死する」。
そんな試算が出るほど、日本の食料自給は危機的状況にある。

しかも、残留農薬にまみれた小麦を原料とした食品、肥育ホルモンを使用した牛肉、ゲノム編集食品など危険な食品が日本の食卓にはあふれている。世界中が口にしないような食品を、日本人だけが食べ続けている。まさに日本人は自ら生体実験を引き受けているのだ。

第二次安倍政権発足当時、安倍総理は、故郷の美しい棚田を引き合いに出し、「私は瑞穂の国には、瑞穂の国にふさわしい資本主主

義があるのだろうと思っています」と語っていた。ところが、安倍政権では「農協解体」、主要農作物種子法廃止、種苗法改正、食品安全基準の緩和などが次々と強行され、瑞穂の国の破壊が進んだ。その結果が現在の惨状だ。
それは、グローバル企業の意向に沿ってわが国の政策が歪められ続けてきたからだ。
岸田政権は、日本人の生命を犠牲にして、グローバリストに加担してきた者たちを政策決定から排除しなければならない。そして、食料安全保障推進法を制定し、日本人が餓死することを防がなければならない。
一方、グローバリストたちに農政が奪われた結果、わが国本来の農業の在り方も見失われつつある。稲作は日本人の生活、文化そのものであり、共同体と相互扶助の源泉である。農本主義思想を唱えた橘孝三郎ら先人の声に今こそ耳を傾けるときではないか。

誰が日本の農業を破壊したのか

東京大学大学院農学生命科学研究科教授
鈴木宣弘

日本人の6割に当たる7200万人が餓死する

―― 鈴木先生は近著『世界で最初に飢えるのは日本』（講談社）で、日本で飢餓が現実のものとなると警告しています。

鈴木　日本人全体の6割に当たる7200万人が餓死するという衝撃的な試算も出ています。これは、米国ラトガース大学の研究者が発表した試算です。局地的な核戦争が勃発した場合、直接的な被爆による死者は2700万人ですが、「核の冬」による食料生産の減少と物流停止によって2年後には世界全体で2億5500万人の餓死者が出て、そのうち3割は、食料自給率の低い日本に集中し、7200万人が餓死するという試算です。

食料自給率が低い日本は、核戦争という事態を想定しなくても、世界的な不作や国同士の対立による輸出停止・規制が広がれば、最も飢餓に陥りやすい可能性があるということです。

日本は、中国やロシアなどに対抗するアメリカに金魚の糞のようについていっていますが、アメリカと対立する陣営から意図的に兵糧攻めを受ければ、食料危機に陥りかねないのです。

わが国の食料自給率はカロリーベースで37％まで低下していますが、農産物の中には、種やヒナなど、ほぼ輸入に頼っているものもあり、それらを計算に入れた「真の食料自給率」はもっと低くなります。農水省のデータに基づいて私が試算したところでは、

２０３５年の日本の実質的な食料自給率は、コメ11％、野菜４％という壊滅的な状況が見込まれます。

――食料自給率が低下した原因は何ですか。

鈴木　日本はアメリカの食料戦略の犠牲になっていると言っていいでしょう。アメリカは自国の農業には手厚い補助金による支援を行いながら、日本などの貿易相手国に対しては関税引き下げと規制緩和を要求してきました。その結果、日本の農業はアメリカ産作物によって駆逐されてしまったのです。

アメリカの食料戦略の犠牲になったのは日本だけではありません。例えば、ハイチは、１９９５年に、ＩＭＦから融資を受けるための条件として、アメリカから輸入するコメへの関税を３％にまで引き下げることを約束させられました。その結果、ハイチのコメ生産が大幅に減少し、コメを輸入に頼る構造になってしまいました。そこに２００８年の世界食料危機が直撃、コメの輸出規制が行われ、ハイチはコメの不足により、死者を出す事態となりました。

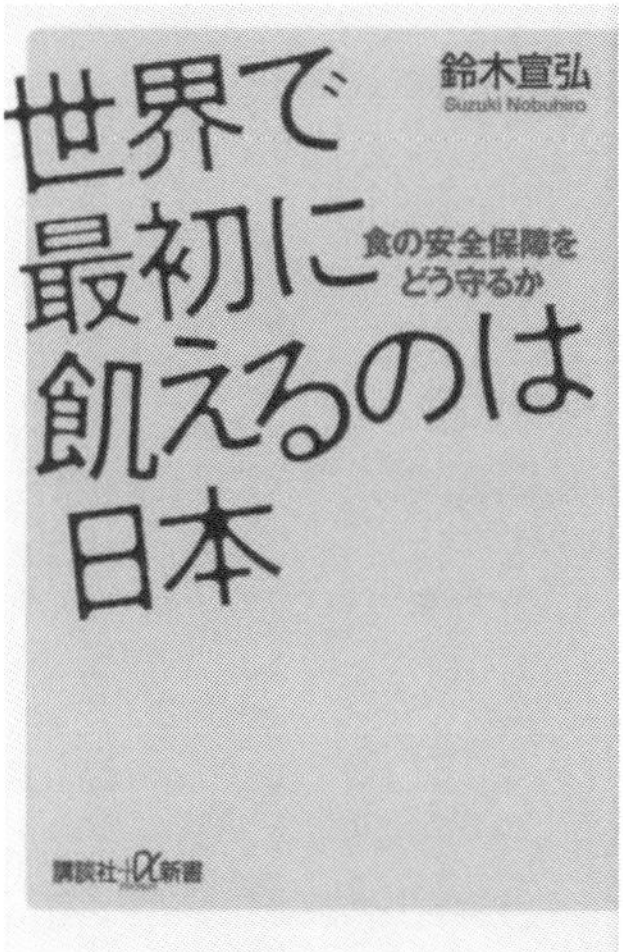

鈴木宣弘
Suzuki Nobuhiro
世界で最初に飢えるのは日本
食の安全保障をどう守るか
講談社+α新書

日本の農業を破壊した経産省と財務省

――農水省の発言力の低下も食料自給率の低下の原因のように思います。

鈴木　かつて農業政策は自民党の「農水族」と、「全中」（全国農業協同組合中央会）、農林水産省の三者で決めていました。自民党の「農水族」が一定の力を持ち、党全体としても農業を重視していました。

私は農水官僚時代に、食料・農業・農村政策審議会の会長代理兼畜産部会長も務めていました。２００８年の食料危機の際には、自民党の農水族、全中、農水省の三者で、緊急対策について相談し、その内容を審議会にはかり、一般消費者も巻き込んだ議論をつみ重ねて、最終的な政策に落とし込んでいきました。

ところがいま、自民党の農水族の力は衰えています。中選挙区から小選挙区への移行をきっかけに、農地を持たない選挙区、農業の割合が低い選挙区が増え、政治家にとって農業が重要問題ではなくなってしまったからです。

現在、酪農家の９割が経営難に直面し、４割が２０２２年内に廃業するという予測も流れるほど厳しい状況に追い込まれています。こうした中で２０２２年９月に飼料価格高騰緊急対策として酪農家の支援策が決まりました。この時、一旦は粗飼料などの高騰対策として、２０２２年度予算予備費で経産牛１頭当たり５万円の補填金を出せることになったとの情報もありましたが、数日後にはそれが覆され、補填金は１万円に削られました。

以前は、農水省は、経産省、外務省、財務省とある程度対等な関係にありました。重要問題について官邸で相談する際も、各省庁の秘書官が対等な立場で、それぞれの意見を主張し、バランスの取れた政策としてまとめることができていたのです。農水省にもっと力があった時代には、農政がゆがめられそうになれば、踏ん張ることができました。ＴＰＰにしても、農水省は猛反対していました。

しかし、第二次安倍政権以降、農水省の力が弱まってしまいました。今井尚哉秘書官をはじめとする経産省出身者が官邸を牛耳り、官邸は経産省の意向で動くようになってしまったのです。経産省は、自動車などの製造業の輸出拡大のために、農産物を生贄にしてきました。

日本の農政を台無しにしている、もう一つの犯人は財務省です。彼らは予算を削ることしか頭になく、大局的な見地で必要な政策にお金を使うという発想が欠けています。

農水予算はシーリング（概算要求基準）で２・２兆円プラス１％などと決まっていて、「新たな事業をやるなら、別の事業をやめなければならない」というのが、財務省の言い分なのです。

財務省は、わざと予算も使いづらくしていると思わざるを得ません。２００８年の食料・飼料危機の際にも、２０１１年の東日本大震災の際にも、予算がなかなか現場に届きませんでした。特に、条件の厳しい復興予算は、申請してもなかなか受け付けられず、現場で使えず、財務省に戻っていきました。法律解釈や手続きに時間をとられて現場を救えないのなら、一体何のための法律なのか、ということになります。

「お友達企業」の利益拡大を目指す規制改革推進会議

――第二次安倍政権以降、農業政策も諮問会議が主導するようになりました。

鈴木 規制改革推進会議などの諮問会議が強大な権限を持つようになりました。諮問会議メンバーの多くが、アメリカの穀物メジャー、種子・農薬企業、金融・保険業界などの「お友達企業」を代弁し、彼らだけが利益を享受するような規制改革を強行しています。彼らは、そうした企業が儲かれば、日本の農業が壊滅してもいいと考えているのでしょうか。日本の農業を守るためには、こうした諮問会議を即刻廃止しなければいけません。

――農水省も諮問会議の方針には抵抗できなくなりました。２０１６年に農水事務次官に就任した奥原正明氏は「農業が産業化し、農水省が要らなくなることが理想だ」と言っていた人物です。

鈴木 第二次安倍政権で内閣人事局が誕生し、各省庁の局長以上の人事権を、官房長官と副官房長官が握りました。このコンビによって、規制改革に抵抗する官僚に対する左遷人事が横行しました。

農水省を揺るがしたのが、２０１８年の畜安法改定です。酪農家は酪農協に集まって共同販売していました。牛乳はみんなで集まって売らなければ秩序ある流通はできないので、共販は非常に重要な機能であり、それによって価格も流通も安定して消費者に届けられていたのです。だからこそ、共同販売は、巨大な買い手との交渉力を対等にするために独占禁止法のカルテルにはあたらない「適用除外」とすることが正当な権利として認められていました。

ところが、日本だけが「共販によって農家と農協が不当な利益を得ているから、これをやめさせる」といい始めたのです。「独禁法の適用除外をやめろ」と、口火を切ったのが規制改革推進会議でした。そして、共販を実質できないように畜安法を改正しようとしたのです。

ところが、これに抵抗した農水省の担当局長や課長は、制裁人事で左遷されてしまいました。後任の担当局長は、酪農家さんに実害がでないように、省令で何とかすると動きましたが、それも見つかり、「お前、小細工しているのか」と恫喝されました。こうして官僚たちは震え上り、抵抗できなくなっていきました。抵抗すれば左遷、従えば出世という露骨な人事が罷り通るようになったのです。

―― 岸田総理は口では「新自由主義からの脱却」「新しい資本主義」と言っています。

鈴木 そう言っているだけで、実際には何もやっていません。新しい資本主義の中身もさっぱりわかりません。

むしろ、「お友達企業」だけが利益を拡大するような資本主義の方向に突き進んでいます。確かに、岸田政権になってから経産省の力は弱まったようですが、規制改革推進会議を中心に、政策を決定している顔ぶれや構造は変わっていないと思います。竹中平蔵さんは、逃げるようにパソナやオリックスから退きましたが、未だに彼は政策決定のかなりの中枢にいると考えていいと思います。

食料安全保障推進法を制定せよ！

―― 鈴木先生は川田龍平参院議員らが推進する「ローカルフード法」に協力しています。

鈴木 現在、主要農作物種子法の廃止や種苗法の改正などによって、グローバル種子企業などの強大な力によってタネが支配されそうになっています。

こうした状況に対して、「ローカルフード法」は、地域の在来品種の種苗を守るとともに、生産者から消費者までの関係者が一体となった、循環型の食料・経済システムをつくることを目的としています。

地域の在来品種の種苗を守り、活用して、種から消費までの安心・安全な食の循環ネットワークをつくるため、自治体や国が必要な財政措置を講じて支援できるようにするのです。

ローカルフード法によって、地域の農作物を学校給食で使用する費用を国がまかなうことが可能になります。地域ごとに循環型食料自給の仕組みを作り上げれば、地域を食い物にしようとする勢力に対して地域を守ることができます。

我々は、食料危機から国民を守るための国内生産と消費をつなぐ強力な架け橋を目指して、「食料安全保障推進財団」を設立しました。生産者の思いと消費者の思いを繋ぐ場を作り、地域ごとの行動計画作りをサポートすることを主要な目標に定めていましたが、食料安全保障推進法の制定をもう1つの大きな目標に加えました。

現在、日本の農業は崩壊の危機に直面しています。一刻の猶予もありません。防衛費増額の前に、日本の食料を守る予算を増額しなければ、国民が飢え死にしてしまいます。ところが、現在の制度では十分な予算を確保できません。

予算確保の根拠法として食料安全保障推進法を超党派の議員立法で成立させれば、財務省に縛られている予算編成を抜本的に変え、食料、農業に数兆円規模の予算をつけることが可能になります。

地域のレベルから国会議員を動かしていく流れを作るという意味でも、県会議員や市町村議員の皆さんの役割が重要だと思います。先日、宮城県の大崎市で講演させていただきましたが、大崎市では共産党と自民党が核になった農山村振興議員連盟が市独自の稲作助成金などを実現しています。食料安全保障推進法を成立させるために、国政レベルでも超党派の結束が求められています。

日本人が食べている危険な食品

食政策センター・ビジョン21 代表
安田節子

ジャンクフードの吹き溜まりとなる日本

――かつて、日本の食品安全規制は厳しいと言われていました。ところが近年、急速に規制の緩い国になってしまっています。安田さんが近著『私たちは何を食べているのか』（三和書籍）で指摘されているように、安全性が疑問視される食品が日本の食卓にはあふれています。何がこうした状況を招いたのですか。

安田　最大の要因は、アメリカとの関係にあると思います。日本は、アメリカの農産物、食料の輸入拡大を受け入れて、自動車などの工業製品の輸出を拡大することによって経済成長できるという考え方に基づいた政策を進めてきました。

しかし、日本の食品安全基準がアメリカよりも厳しければ、アメリカは日本に輸出できません。そこで、日本の基準を下げて、アメリカの農産物をスムーズに輸入できるようにしろと圧力をかけてきたのです。そして、日本はアメリカの要求通りに、安全基準をどんどん下げ、気づいた時には、日本はジャンクフードの吹き溜まりというような状態になってしまったということです。いわばアメリカの植民地政策によって、日本は食品安全を手放してしまったということです。

――TPP交渉の際に結ばれた日米二国間合意によって、日本政府はアメリカの様々な要求を受け入れてきました。

安田　TPP協定からアメリカは離脱したので、日米間の合意文書は白紙に戻るはずです。しかし、外務省は、合意文書は日米間で結んだものであり、アメリカがTPPから離脱しても有効であると主張、アメリカに一方的に有利な日米合意を履行してきたのです。まさに売国的な行為です。

米国の要求通りに改革を進める規制改革推進会議

――アメリカの要求通りに規制改革を進めてきたのが、規制改革推進会議です。

安田　規制改革推進会議の委員の方たちは、食の安全の専門家でも、農業の専門家でもありません。新自由主義的な視点だけから論を張るような方が、アメリカの意向に沿った提言をし、それが法案として通過し、政府の政策として実行されてきました。彼らは主要農作物種子法の廃止や、農業試験場など公的機関が持つ遺伝子資源や知見、技術を企業に移転させる農業競争力強化支援法といったことを提言してきました。

――肥育ホルモンを使用した牛肉が日本国内で流通するようになっています。

安田　畜産物輸出国であるアメリカやオーストラリアは、経済効率を優先して肥育ホルモンの使用を認めています。しかし、肥育ホルモンが残留しているものを食べれば、人のホルモンを攪乱し、人体に悪影響を与える恐れがあります。そのため、ロシアや中国をはじめ多くの国がその輸入を禁止しています。例えば、ロシアは、肥育ホルモンを使用していないという認証のあるものしか輸入していません。当然のことです。日本もそうすべきですが、アメリカ言いなりの日本には、それができないのです。

畜産がなくなり、偽肉を食べる世界

――最近フェイクミート（偽肉）が流通しつつあります。

安田　フェイクミートには、「代替肉」と「細胞培養肉」の二種類があります。日本では、大豆を肉に見せかけたような「代替肉」が開発されています。ただ、普通の大豆ならいいのですが、遺伝子組み換え大豆が使われる懸念があります。

一方、「細胞培養肉」は、クリーンミートとも呼ばれています。動物の生体から取り出した細胞を、バイオリアクターという容器内で培養することによって作られる肉です。近年では、再生医療のための細胞培養の技術が進歩したことで、食用肉への応用も近いとされています。

安全性に対する懸念は、最先端の技術を駆使して製造されることにあります。例えば、アメリカのバイオテクノロジー企業Ginkgo bioworksは、「細胞プログラミング」技術を使用して、人工酵母やバクテリアの遺伝子を操作し、ビタミン、アミノ酸、酵素、超加工食品用フレーバーなどの「天然」成分を作成しています。こうした技術で作られた様々な「天然」成分が、フェイクミートにも使用される可能性は否定できません。

――フェイクミートを誰が歓迎しているのですか。

安田 アメリカなどの先進諸国では、ビーガンや菜食主義者に加え、環境負荷や動物愛護に配慮するエシカル（倫理的）消費を志向する人たちが、フェイクミート市場を牽引しています。

ビル・ゲイツ氏は、地球環境を守るために、すべての食肉をフェイクミートに切り代えることが必要だと述べています。牛を飼うことが地球環境を悪化させているという考え方です。牛のゲップが大量のメタンを発生させ、地球の温暖化の原因になるという理屈なのです。

彼はまた、牛を殺すことは倫理に反する残酷なことであり、肉食を増やしていくことは良くないというような発言もしています。

つまり、畜産農家をなくし、工場で人工的に細胞を増やして、偽肉を製造し、人間がそれを食べて生きていく世界を作ろうという考え方です。まさにディストピアだと思います。

畜産自体が悪なのではありません。工業的大規模畜産の在り方が問題を生み出しているのです。ひたすら低コスト生産を追求し、家畜を命あるものとして扱わず、家畜の生理を無視した高密度飼育で病畜を生み出しています。そして、病畜に対処するために抗生物質をはじめとした薬剤が大量に使用されるようになったため、人の健康を脅かしているのです。我々は畜産をやめるのではなく、本来の畜産の在り方に立ち返るべきです。

日本の食品業界はグリホサートを拒否すべきだ

――日本では、残留農薬にまみれた小麦を原料とした食品もあふれています。

安田　日本の小麦自給率は非常に低く、15％程度しかありません。パン、うどん、ラーメン、お菓子など多くの食品の原料に小麦が使われていますが、その原料の大半は輸入小麦です。ところが、アメリカやカナダから輸入している小麦は、収穫直前に枯らすためにグリホサートを有効成分とする除草剤を撒いて枯らすプレハーベスト処理を行っています。

農水省は調査によると、２０１３年以降、日本が輸入するアメリカ産とカナダ産の小麦を検査した90％以上から、年によっては１００％から、グリホサートが検出されています。学校給食のパンを検査したところ、輸入小麦使用のパンのすべてからグリホサートが検出されています。

問題は、グリホサートの人体への悪影響です。『ブリテイッシュ・メディカルジャーナル』（２０１９年3月20日）によると、グリホサートは、発がん性のみならず、環境ホルモン作用があり、出生異常、脂肪肝のほか、自閉症スペクトラム障害（ＡＳＤ）になるリスクが高いことが示されています。

それで、国際的にグリホサート禁止の勢いが強まっているのです。イタリアの大手パスタ・メーカーであるバリラは、プレハーベストによってグリホサートが残留している小麦は原料として使用しないと宣言しました。そこで、カナダの小麦生産者は、イタリアに輸出する小麦について、除草剤を使用するプレハーベストを止めたのです。

日本政府も、グリホサートが残留している小麦は輸入しないという姿勢を示すべきなのです。ところが、日本は世界の動きに逆行し、２０１７年12月にグリホサートの残留基準値を大幅に緩和してしまったのです。小麦は５（ppm）から30（ppm）へと6倍に、も、ソバとライ麦は０・２（ppm）から30（ppm）と１５０倍になりました。

農水省は、小麦の自給率が低いので、輸入ができなくなると、小麦関連産業が大変なことになるからと言っています。

日本の食品業界の人にも、国民の安全を考えていただきたいと思います。バリラのように「わが社はグリホサートが残留した小麦は買わない」と宣言すべきです。

日本の食品の劣化は日本人の劣化の現れだと思います。

生体実験を引き受けている日本人

――日本では、ＥＵなどが禁止しているゲノム編集食品も流通しています。

安田　ゲノム編集は未熟な、未完性の技術です。遺伝子組み換え食品と同様に、ゲノム編集食品も、人体にどのような影響があるか未だわからないのです。牛に遺伝子組み換え作物だけを食べさせた結果、口から泡を吹いて次々と死んでしまったという事例もあります。

遺伝子は全てネットワークで繋がってるので、ゲノム編集で１カ所だけをいじったつもりでも、それが全体に影響するわけです。だから、何が起こるかわかりません。ゲノム編集技術は、動物に摂取させる実験もされておらず、安全性の評価手法も定まっていません。人類は遺伝子知識のとば口に立っているに過ぎないのです。にもかかわらず、何でもできると言って、突き進んでいこうとしている。

日本政府は２０１９年10月、ゲノム編集食品について、安全性評価なしの任意の届け出で流通を認めるとし、表示も不要としました。

ゲノム編集食品は、アメリカが最初に販売した高オレイン酸遺伝子組み換え大豆からとった油でした。ところが、アメリカの消費者はそっぽを向いてしまい、販売した会社は株価が暴落し、撤退しました。

アメリカの高オレイン酸大豆に次ぐ二番目のゲノム編集の応用化が、日本の「ＧＡＢＡ高蓄積トマト」です。血圧上昇を抑えるＧＡＢＡの含有量を増やしたトマトです。このトマトを開発したのは、筑波大学発のベンチャー「サナテックシード」です。同社は、まず「ＧＡＢＡ高蓄積トマト」の苗を家庭菜園をする人たちに無償配布しました。次に老人福祉施設などにも、苗を提供し、お年寄りが育てて食べています。２０２３年には小学校に苗を無償で提供し、子供たちに育てさせ、食べさせることを計画しています。こうした方法で、日本人にゲノム編集食品を受け入れさせていく戦略なのでしょう。それを日本政府が後押し、マスコミも持て囃しています。現在、応用化しているのは世界中で日本だけです。トマトに次いで真鯛やフグなど、ゲノム編集食品がどんどん増えているのです。日本人が生体実験を引き受けているようなものです。

私は、ゲノム編集は成功しない技術だろうと思います。しかし、ゲノム編集技術は、大学やベンチャー企業の花型分野として、政府が研究費を支援し政策的にも研究を強力にバックアップしています。

政府は盛んに「イノベーションの重要性」を強調しています。日本の農水省の「緑の食料システム戦略」においても、イノベーションで日本の農業を推進することが高らかに謳われています

しかし、イノベーションによって儲かるのは、一部の企業だけであり、生産者の利益にも消費者の利益にもなりません。ゲノム編集技術の基本特許は、巨大企業がほとんどを押さえているからです。生産者は、その技術をただ丸ごと受け入れて、指示通りに作るだけです。自分でやり方を変えたり、調整したりすることは一切できません。作物なら種や苗、魚類なら卵や稚魚などの資材を購入して生産することになりますが、その価格は特許料や技術指導料などで高額となります。販売価格も高くならざるを得ないでしょう。

イノベーション農業は自給的、自立した農業ではなくて、企業が主導し、企業が提供する資材を使って、企業に収めるという企業が望むところの外部依存の農業になります。それは日本農業を強くすることには決してなりません。

日本は有機自給国家を目指せ!

――日本の消費者は食品の安全性について意識が低いのでしょうか。

安田 マスコミの報道が問題だと思います。例えば、イギリス政府は遺伝子組み換えを推進していましたが、ガーディアン紙は遺伝子組み換え食品に賛成する意見と反対する意見を対比させながら継続して報道し続けたのです。イギリスの消費者はそうした報道によって、自分の頭で遺伝子組み換え食品の是非を考え、結局、遺伝子組み換え食品は食べないという選択をしたのです。

メディアが、推進する政府の主張だけを流すのではなく、反対の意見も平等に載せ、読者が選択できる元となる情報を提供することが非常に重要だということです。ところが、ゲノム編集についての日本のメディ

アの報道は、農水省の発表や開発した人の話しか載せません。フグチリが安く食べられるといったことしかイメージさせないような報道ばかりです。
ゲノム編集技術について疑問を呈する専門家がいないわけではありません。メディアはそうした意見もきちんと載せるべきです。そうでなければ、メディアは政府や企業の広報機関になってしまいます。

―― 安田さんは、有機自給国家を提唱されています。

安田 日本の国土の66%は森林で、利用できる農地は限られています。アメリカ式の大規模農業をまねて、規模拡大や生産性を競うのは、バカげたことです。南北に長く多様な作物、品種が生産できる日本の風土に一番合致するのは、多様な作物を生産する小規模家族農業であり、自然界の有機的なつながりとバランスを保つことで、自然本来の再生能力を持続させる農業(アグロエコロジー)です。
現在、農薬そのものを止めて、有機農業に変えていこうというのが世界の潮流になりつつあります。日本は世界で1、2位を争う農薬使用大国ですが、今こそ有機農業へ転換すべきです。有機農業に転換すれば、農薬や化学肥料など外部資材は必要なくなります。地域の中で物質が循環して、しかも安全な食や環境を実現できます。
有機農業への転換の突破口になるのが学校給食です。例えば、千葉県いすみ市では、2012年にトップダウンで「自然と共生する里作り協議会」を設立し、市役所が事務局となり、市民団体、農業団体、農協、商工会、観光協会、NPOなど45団体が参加し、有機米生産を農家に働きかけました。しかし、有機農家はゼロだったため、有機稲作の技術がありませんでした。そこで、有機稲作技術確立のため民間稲作研究所の稲葉光圀氏を招き、5年後の2017年には生産者23人、約50トンに拡大したのです。これにより全13市立小中学校の児童生徒、約2万3000人分、約42トンを賄う有機米の学校給食が実現したのです。

―― 『維新と興亜』発行人の折本龍則は浦安市議会議員として、浦安市での有機給食導入の先頭に立っています。

安田 それは素晴らしいことですね。是非、有機農業への転換の突破口を開いていただきたいと思います。

食と農の自立が在所共同体を救う
八紘為宇実現に向けて連帯せよ！

熊野飛鳥むすびの里代表
荒谷　卓

日常を共にする小集団から変えよう！

―― 本来「瑞穂の国」たるべき日本の現状をどう評価していますか。

荒谷　非常に危機的状況だと思います。現在の日本政府は対米従属を維持し、米国の要請に応えようと躍起になっています。グローバリズムを妄信し、グローバル資本主義に追随することが正しいことと信じて疑いません。こうした姿勢に疑問を持ち、平成二十年に自衛隊の職を辞し、明治神宮武道場至誠館館長となり、その後平成三十年十一月に日本で最も古い自然信仰の地域たる熊野の地に「国際共生創成協会　熊野飛鳥むすびの里」を設立しました。

かつての日本は、共助共生の国でした。宇宙の屋根の下に一つの家のような国を作ることが国民の夢でした。国土は人の営みにより地域ごとの風土に姿を変え、風土に根差した文化・社会が形成されていきました。日々の生活から学び、人と人が手を携え、自然に抗うのではなく自然の恩恵を生活の営みに取り込む経験と知恵の歴史が在所共同体を形成したのです。その中心に、天皇が日本のそれぞれの在所共同体をしろしめすことで、私たちの祖先は日本人として生きてきました。いま、日本からそうした文化は失われ、国としての根幹が揺らいでいます。

そうした状況を変えていくことが必要ですが、私たちはすぐ「政治を変える」「教育を変える」と言いがちです。しかし戦後ずっと政治も教育も変えることができませんでした。

例えば教育でいえば、日本の子供の教育は本来家と地域共同体で行っていました。日常生活を共にする家族や地域の人達が、日本人としての道徳と社会倫理を子供たちに日常的に教育していたのです。ところが、現代では、朝から晩まで子供を家と共同体から引きはがして学校に隔離し特定の価値観だけを啓蒙します。こうしたワン・ワールド形成に向けた教育システム自体を根本的に変えなくてはなりません。

つまり、子供と日常を共にする家族や地域共同体のような小集団内での教育へと変えていかなくては日本の文化は身につきません。キャッチフレーズばかりで変えられない状態から脱し、自分たちの日常を変えていくことが重要です。

私も二十年前は、いかにグローバリストと戦うかということを考えていたのですが、グローバリストの横暴かつ性急、稚拙なやり方を見るにつけ、いずれグローバリストは自滅すると確信しています。そこで私はグローバリストが自滅した後の社会基盤づくりに力を注ぐことにしたのです。

そのためには、各地域に根差す在所共同体を繋ぎ合わせることが重要だと思います。その繋ぎ合わせる機関として、本年三月三十日に「日本自治集団」を創立し、その活動が本格化してきたところです。

―― 日本自治集団の狙いとはなんでしょうか。

荒谷 戦後日本の状況というのは伝統的な日本文化や価値観を放棄して、アメリカ、あるいはグローバリストの価値観を基本として教育基本法など、あらゆる政治、行政、法律が運営されています。例えば既に識者によって指摘されている通り、ＧＨＱのもとで昭和二十六年に公営住宅法が制定され、２ＤＫを基本間取りとした公営アパートが全国各地に建設されました。「封建制の打破」を合言葉に、神棚等を排除し、欧米風の間取りを採用し、大家族ではなく核家族が推奨され、日本文化の破壊が進んだのです。

そういった中で、この状況をどうやって打開するかということを考えなくてはなりませんが、戦後もかなり時間を経過し、国際情勢も日本にとってみれば悪い方向に進展しており、簡単には打開しづらい状況にあります。他方で、日本の伝統文化の衰退の兆候がさまざまなところで確認されています。こうした情勢下で、グローバリストの牙城を瓦解するとか、アメリカのコミットメントを排除するといったことを考えるのは短期的には現実的ではありません。まずは自分たちの伝統文化の主体性を取り戻すことに力を尽くすべきと考えます。日本を立て直す基盤を早急に作っておくべきというのが日本自治集団の活動です。

日本自治集団は、それぞれの地域で価値あるもの、伝統文化、慣習を尊重して実践する各団体が団結することで、建国以来の理念である八紘為宇を理想に掲げながら、日本文化慣習を基盤にした自治社会を実現していこうというものです。自治と言っても、現状の日本や地方自治体にそれを期待するのは無理です。まずは自分たちの所属している団体や小さな会社の中において、日本の伝統文化を自主自立の基盤にするように連帯していこうというものです。

自治としての農

―― 日本自治集団の中で農業に力点が置かれている理由はどこにあるのでしょうか。

荒谷 自立する、自治をするということは、自らの生命活動を他に依存せず、自立し実行するということですから、根本的な条件として衣食住が自立していなければなりません。着るもの住むところも大事ですが、食事をしないわけにはいかないので、特に食が中核にくるものと思っています。食において自立を実現できないのであれば、いくら自立自治を唱えたところで自立は難しいでしょう。

「農」を営む家父長制縦家族と農村共同体が日本の原点です。この「農」のあり方は生きるための農であり、ビジネスとしての農業ではありません。農生活自体が自立自治を意味するのです。例えば伊勢神宮がこれまで文化を保ちえたのは自立しているからです。伊勢神宮ではお米も塩もお供物も、お供物を乗せる皿やお米を炊く火までも自給自足の伝統を守っています。あらゆることを自前でやるということによって神社単独で自らの文化価値を守り貫いてこれたのです。これがとても大事なところですので、そういう意味で食の自立を大きな目標として掲げています。

―― 日本から自治的な意味での食の自立が損なわれ

てしまった原因は何と考えますか。

荒谷　社会の仕組みとして、江戸時代までは食料的自立は完全に達成していたのですが、近代化、産業化に取り組んだ時点でそれを放棄することになってしまいました。近代化のもっとも重要な産業形態が都市部に人間を集中するということを必要としますから、それに基づき農業就労者の工業への流出が始まりました。さらにここ最近では、モノを産み出さないＩＴや金融業界が強くなり、おカネを持っている消費大国や一部の富裕層が豊かになり、生産国や生産者は貧困になるような社会となりました。その結果、日本は生産大国ではなく消費大国を目指すようになり、食の自立基盤を国の政策で放棄してきました。

これによって、農業に対する国家としての保護がどんどん少なくなってきました。アメリカやフランスなど通常の国々は、農業生産者をかなり手厚く保護しているにもかかわらず、わが国は少ない。また、競争に対する関税などの保護措置がほとんどなく、価格競争に耐えきれない状況です。これは、農としての文化価値を完全に放棄したのみでなく、農業としての産業基盤も自ら破壊しています。こんな状況では、生きる為の農は完全に不可能です。

文化的に見ても日本にとって農というのは神勅からなる意味合いがあって、コミュニティにおいても社会観とか道徳観とか、最も国家の根幹となる価値観が形成される基盤となっていました。農は自然への畏怖の心と、田や水路を整えてくれた祖先への感謝の心を養う場となり、「神ながらの道」の実践の場となります。これを特に戦後になって無視して、日本人に内在してきた価値観がわからなくなりました。その結果、農の価値もわからずおカネにもならない状況になってしまいました。

――フランスやアメリカは先進国にもかかわらず農業を保護しているのに、日本は保護しなくなってしまったのは何が原因でしょうか。

荒谷　これは占領政策の中で、そうせざるを得ない方向に向けられたのではないかという印象が強いです。占領後は、カロリーが高い方がいいとして、パン、牛乳が給食として配給されました。日本人は乳製品をうまく消化しづらい性質があるにもかかわらずです。そこまで強

（ご注意）

- この用紙は、機械で処理しますので、口座記号番号および金額を記入する際は、枠内にはっきりとご記入ください。
また、用紙を汚したり、折り曲げたりしないでください。
- この用紙は、ゆうちょ銀行または郵便局の払込機能付きＡＴＭでもご利用いただけます。
- 払込みの際、法令等に基づき、依頼人様（および代理人様）の運転免許証等、顔写真付きの公的証明書類のご提示をお願いする場合があります。
- 現金（証券等を含む）での払込みの場合、現金利用に伴う払込料金をご依頼人にご負担いただきます。
- この用紙の通信欄・ご依頼人に記載されたおところ・おなまえ等は、加入者様に通知されます。
- この受領証は、払込みの証拠となるものです。大切に保管してください。
なお、備考欄に「口座払」の印字をしたものは、通常貯金口座から指定口座への払込みが行われたものです。
- この用紙をゆうちょ銀行または郵便局にお預けになるときは、引換えに「預り証」を、必ずお受け取りください。

収入印紙
課税相当額以上
貼　　付

印

払込取扱票

02

通常払込料金加入者負担

口座記号番号	金額
00230-3-143649	※ 千 百 十 万 千 百 十 円

加入者名	料金	備考
ユニオン・クリエイト株式会社		

ご依頼人・通信欄

おところ・おなまえ
※

『維新と興亜』購読料(年間) 5,000 円 □
『維新と興亜』クラブ 正会員様 15,000 円 □
賛助会員様 30,000 円 □

日附印

各票の※印欄は、ご依頼人様においてご記入ください。

ご依頼人欄に、おところ・おなまえをご記入ください。(承認番号 第 号)

これより下部には何も記入しないでください。

切り取らないでお出しください。

記載事項を訂正した場合は、その箇所に訂正印を押してください。

振替払込請求書兼受領証

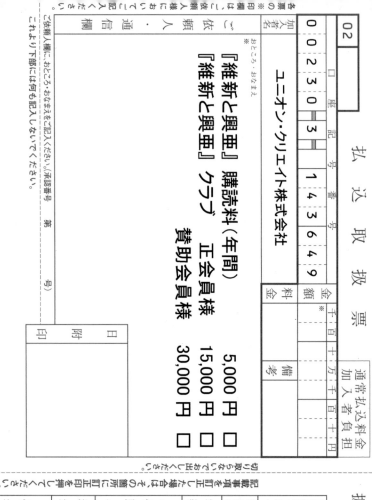

口座記号番号	00230-3 143649 (通常払込料金加入者負担)
加入者名	ユニオン・クリエイト(株)
金額	※ 千 百 十 万 千 百 十 円
ご依頼人	おなまえ ※ 様
料金	
備考	

日附印

お支払いは左記の用紙にて
最寄りの郵便局より
お願いいたします。

要して食文化を破壊した。そして、食料自給率もわざわざカロリーベースで計算し、日本は食料自給率も低く、貿易に頼らないと生きていけないというフレーズを強調するようになり、国民が食糧自給を諦めるようにしてきました。最近は、やたらと増えた料理番組で輸入食品から成るレシピを叩き込み、国産の野菜等は流通ルートに乗せるのさえ難しくなっています。

グローバルスタンダードから八紘為宇へ

――瑞穂の国を守るために必要な発想とは何ですか。

荒谷　終戦後の七年間に及ぶ米軍占領下に、日本はグローバリゼーションの側の手先と化してしまいました。自分たちが何を守ろうとしていたのか、何と戦っていたのかを完全に忘れ、日本人が命をかけて守ろうとしていたものを日本人自らが破壊してしまいました。

　私は秋田県出身ですが、生まれ故郷の田舎にもショッピングモールが建ち、商店街は跡形もなく消え去り、日本全国どこに行っても同じようなチェーン店が並んでいます。それが、地方の過疎を促進したのです。日本には独自のローカルスタンダードがあります。グローバルスタンダードからローカルスタンダードへ、個人主義から家族主義へ、自由主義利己主義から共存共栄利他主義へ価値観を転換しなければなりません。そうすることで自己の存在を実感できる社会づくりを行い、世のため人のために働くことに幸福を感じる社会づくりに努める必要があるのです。

問題の根本は、特定の思想・価値観の下に全世界を管理しようとするグローバル化にあります。わが国は、グローバル化の風潮に追随し経済活動のみに専念した結果、自国の歴史価値観、伝統文化、そして防衛機能や自立した自治までも失い、国として崩壊の一途を辿っています。

アメリカの政治思想は、市場を中心とした個人の富の獲得のための自由競争に世界秩序をゆだねるという考え方です。この考えのもとでは、人々は競争するばかりで協力することができません。そして富の競争に勝った少数の人は、多数の貧困層の犠牲の上に世界規模の権力を手中にしています。今まさに、国民一人一人が、他に頼らず自らの力により、日本人として生きることを考え行動しなければなりません。

その土地の自然風土、その土地のエネルギーである産土神、その土地に生きた祖先それらすべてと一体となって生きるのが在所共同体です。この在所共同体が健全に存在してこその国家なのです。

自分の生きる在所共同体を早急に形成しましょう。古より受け継いできた地域の歴史文化を継承することで在所共同体の自立自存力を高め、日本という国の屋台骨を形成するのです。そして、それらの在所共同体の一つ一つが、互いの文化を尊重し繋ぎ合わせ、共に助け合う生活の中で、わが国の自治は再生されます。神武建国の理想『八紘を掩いて宇と為むこと亦よからずや』という言葉には、真の意味で平和な社会とは、個人主義者の契約社会でもなければ、マネーを稼いだパワーエリートによる統制管理社会でもなく、人々の家族的団結によらねば成しえないとの日本民族の信念が込められています。

世界的大転換点の今だからこそ、日本民族の理想に向かい一人でも多くに人が力を合わせて協働できれば、必ずやよい社会、よい日本、よい世界が実現すると信じています。

特集 瑞穂の国の破壊者たち

農本主義者・橘孝三郎の「土とま心」に学べ

橘孝三郎研究会顧問 塙 眞
橘孝三郎研究会事務局・元楯の会１期生 篠原 裕
橘孝三郎研究会・帝京大学客員教授 金子弘道

かつて日本には農本主義的な思想を掲げ、文明の転換を模索した思想家たちがいた。橘孝三郎もその一人である。新自由主義的な路線が強まり、日本の農業が危機に陥る今、橘の思想から何を学ぶべきなのか。橘の孫の塙眞氏、橘門下の篠原裕氏、金子弘道氏に聞いた。

「愛と誠を尽くして、神に仕える。これが真の人間のあるべき姿だ」

――御祖父様はどのような経緯で農本主義思想を抱くようになったのですか。

塙 祖父橘孝三郎は大正元（1912）年、旧制一高（後の東京大学教養学部）に入学しましたが、人生問題に悩んでいました。「人間はどう生きるべきか」を考え、苦悩していたようです。大正3年に一高を中退し、早稲田に入ろうとしましたが、結局悩んだ末に、茨城県常盤村新原（現水戸市新原）に帰郷し、翌大正4年に農業を始めたのです。

自分で食べ物を作り、それを食する。それが人間本来の在り方ではないか。祖父はそう考えたのです。「神に仕え、農業に仕え、真に人間らしい生活をしなければならない」と。

祖父は、一高時代に、後輩の林正三からミレーの「晩鐘」を見せられていました。教会から聞こえる夕刻のアンジェラスの鐘の音色に合わせ、神へ祈りを捧げる農夫婦を描いた作品です。祖父は、「晩鐘」に描かれた農夫婦の姿から、「愛と誠を尽くして、神に仕える。これが真の人間のあるべき姿な

橘孝三郎

んだ。できたら自分もそう生きたい。あのように生きたい」と考えるようになったのです。

一日畑仕事をして、夕暮れに祈りを捧げて神に感謝する。祖父にとっては、それが「土とま心」だったのです。後に祖父は、「農耕は最も聖なる仕事である。……神仏は常に我々に正しきを欲している。されば我々は最も正しい生活として農業を選ばねばならぬ」とも述べています。

祖父の母方、綿引家は農業を営んでいましたので、農業の何たるかは知っていたようです。祖父は自ら松や雑木林を切り倒して開墾し、農業を始めました。そんな祖父に強く共鳴したのが、次兄の徳次郎です。

大正6（1917）年には、林正三も祖父の考え方にひかれ、新原に移ってきました。正三は、祖父の妹・うめと結婚しました。やがて正三の弟・正五も移ってきて、祖父の妹・すゑと結婚しました。こうして兄弟を中心する共同体が形成されるようになり、「兄弟村農場」と呼ばれるようになったのです。

大正15（1926）年には、東京音楽学校を卒業した、祖父の末妹・はやも新原に引っ越してきました。兄弟村の人たちは、はやが弾くピアノに合わせて讃美歌を歌うようになりました。

祖父は、資本主義は「徹底的破壊過程」に過ぎないと批判するようになり、「土に還れ」と訴えました。一方、祖父は農業をはじめてから、マルクス主義思想も批判的にとらえるようになりました。マルクス主義は工業中心の思想なので、農本主義的な思想とは相容れないからです。

――橘先生は、どのような農業の在り方を理想と考えていたのでしょうか。

塙　兄弟村に集まった人たちは、農業は営利ではいけないと考えていました。孝三郎の次兄・徳次郎は茨城県岩間町で自ら牧場を開拓しましたが、現在農業団体組織が休耕地を買い占めて進めている大農式の経営を、徳次郎の後継者は批判的に見ています。

――現在の日本の農業に橘先生の考え方はどう生かすことができるのでしょうか。

金子　日本の農業が厳しくなった原因として、関税の引き下げなどが指摘されますが、最大の原因は為替だと思います。日本の農業の仕組みは、1ドル＝360円時代に作られたものです。ところが、2011年には1ドル＝75円台まで円高になりました。つまり、アメリカの農産物の価格は5分の1近くに下落したということです。

橘先生が理想とした協同組合組織の在り方と実際に農協がやっていることは全く異なると思います。農協は次第に金儲けに走るようになってしまったからです。

現在、成功している農家は大家族農業でやっています。群馬県の昭和村の野菜くらぶもその一つです。株式会社として規模を拡大していますが、家族経営という理念を維持してます。

愛郷会が掲げた大地主義・兄弟主義・勤労主義

――橘先生の思想はどのように形成されたのでしょうか。

塙　祖父は、ベルグソン、クロポトキン、カーペンター、トルストイ、マルクス、ロバート・オーエンなど幅広い思想を吸収していました。一高には、「橘孝三郎は図書館にあるすべての本を読破した」という伝説も残っています。祖父は常々「ベルグソンは読め」と言っていました。後に祖父は「天皇論」においても、「ベルグソン哲学は皇道哲学に近い」と書いており、一貫してベルグソンの思想的影響を受けていたようです。

――愛郷会はどのような経緯で結成されたのですか。

塙　那珂郡五台村の五台小学校で教師をしていた後藤信彦は、父武彦から兄弟村の話を聞くようになりました。度々兄弟村に足を運んで祖父の話を聞いてもらいたいと考えた信彦は、大勢の人に祖父の話を聞いてもらいたいと考えた信彦は、昭和4（1929）年6月、五台小学校で祖父の講演会を開催したのです。これをきっかけに、後藤信彦と兄・圀彦らが協力し、兄弟村を母体として啓蒙組織を作ろうという気運が盛り上がり、同年11月23日、新嘗祭の日に愛郷会が川田村で組織されたのです。
祖父は、「愛郷」とは「まごころ」と「愛」を持った以下の三大主義に基づいた人間のふるさとだと述べました。

1 「大地主義」 大地を離れては永遠たり得ない。土・農業を基として国を建てる。

2 「兄弟主義」 人間すべて兄弟のような生活、相互愛・相互信頼を基本として生活する。

3 「勤労主義」 心から真面目に天職使命を果たす。

愛郷会発会宣言には次のように謳われています。

「どうしても我々人間は、天地大自然の恩恵のある所に依らねばならない。どうしても我々人間は、我々人間同士の団結にたよらなくてはならない。天地大自然の恩恵と人間同士の団結、即ち土と隣人愛、そこに我等が心から希い求むるふるさとがある。この我等が心から希い求むるふるさとを求むる心こそ、我等の内に光って我等を導く愛郷の真心に外ならない。……しかも、この愛郷の心、この真心、そしてこの愛郷の真心こそは、根源に於て神より出でたものである。……」

愛郷会の本部は兄弟村に置かれ、昭和7年までに24支部、会員数は500人に拡大していきました。祖父は、西洋唯物文明の浸透によって、物質至上主義、金銭至上主義が強まり、日本国内が精神的に荒廃しつつあるという危機感を高め、昭和6年には愛郷塾を設立しました。

橘孝三郎と三島由紀夫の天皇論

—— 三島由紀夫は橘先生の思想から影響を受けていたのでしょうか。

篠原 影響を受けていたというよりも、大嘗祭の解釈など二人の天皇論には重要な共通点があり、合致していたと言った方がいいかと思います。ただ、橘先生は三島先生に天皇論5部作を贈っており、楯の会の軍師といわれた山本舜勝氏はその著書の中で、「……それは、その直前（昭和44年10月）に読了したという橘先生の大著、『神武天皇論』の読後感も添えられ……」と記していることから、橘先生の天皇論が三島先生の天皇論に影響を与えた可能性は充分考えられます。

橘先生は天皇論の中で、大嘗祭の本義について、一般に言われているように、新穀を以て天照大御神、天神地祇を奉斎する一世一度の儀式・新嘗祭ではない。天ふしおろがむものは新稲（御飯）のみである。天皇は稲の精霊即ち穀物神であり現人神である。大嘗祭はいわば天皇の現人神就式である、と記しています。

橘先生は三島先生の言動に深い関心を寄せており、自身の孫を始め5名の門下生を楯の会に参加させました。特に一期生20名のうち門下生が4名を占めていました。

――『土とま心』はどのような経緯で創刊されたのですか。

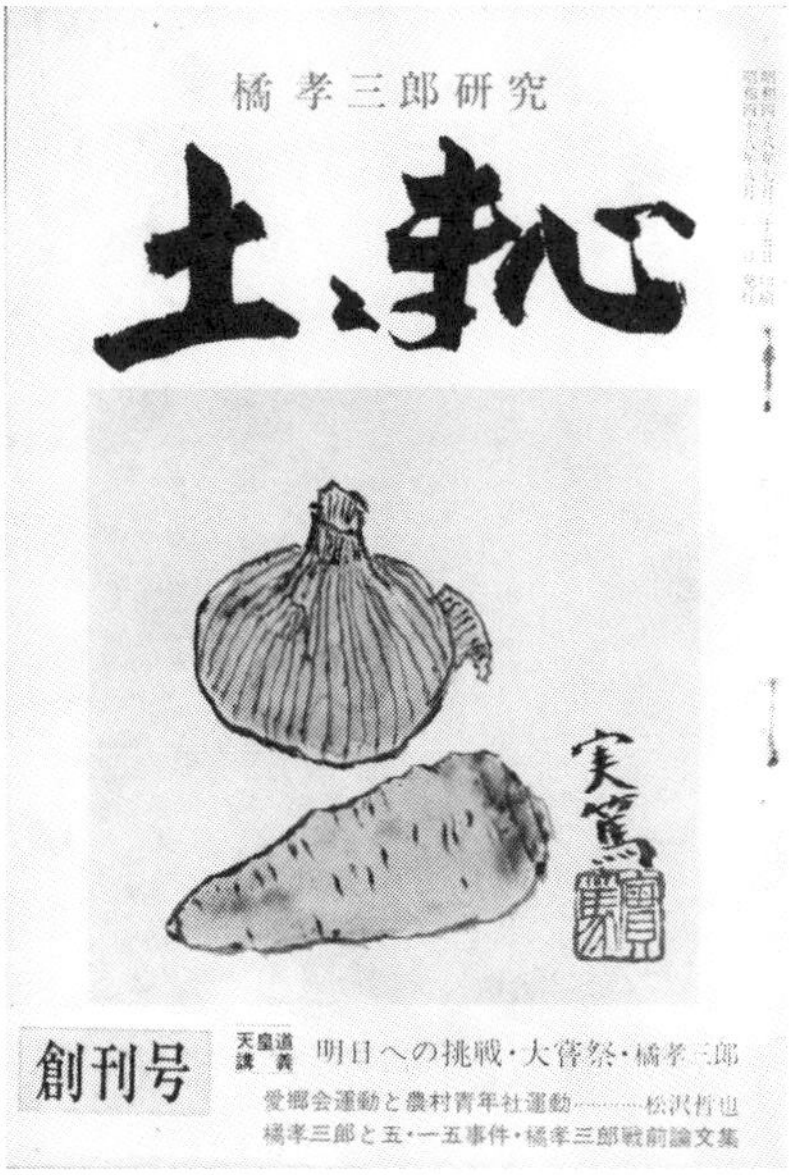

『土とま心』創刊号

篠原　同誌は橘先生の思想を改めて研究するために、橘先生存命中の昭和48年8月に創刊されました。娘婿で高弟の塙三郎さんが編集した創刊号には、橘先生の「天皇道」、松沢哲也の「愛郷会運動と農村青年社運動」、保坂正康の「橘孝三郎を取材して」、山崎博の「橘孝三郎と五・一五事件」などが掲載されました。

第2巻以降は楯の会一期生の阿部勉さんが編集しましたが、第2巻は橘先生の追悼特集号となってしまいました。「土とま心」は第7巻まで続くのですが、第7巻は「楯の会事件10周年記念号」と題し、楯の会一期生の倉持清氏（現姓本多）に対する三島先生の遺書が「K君への遺書」として初めて全文公開されました。

――橘先生の思想を、現在どう活かせばいいのでしょうか。

塙　祖父はシュペングラーの『西洋の没落』を読めと言っていました。いま西洋の唯物主義、科学万能主義が行き詰まる中で、祖父が唱えた思想が文明の在り方を見直すヒントになるのではないでしょうか。

暮らしに根ざした国体開顕運動としての新嘗祭奉祝

新嘗の会世話人　小田内陽太

新嘗祭奉祝運動の経緯

筆者は昭和五十九年十一月以来、日本列島に生きる民草の一人そして日本国民として、同志と小規模ながら新嘗祭の奉祝活動を三十八年継続してきた。毎年十一月二十三日に、日本伝統の神道祭祀の形を以て祭りを行ひ、その後祭りの一環として皆が持ち寄り供へた新米を中心とした神饌や御神酒を共に頂く営みを重ねてきた。

この活動を始めた契機は昭和六十年の「建国記念の日」をめぐる状況にあつた。「建国記念の日」を祝ふ全国中央集会の在り方に就いて、中曽根康弘首相率る当時の自民党政権は準国家行事としての開催（式典への首相の出席）と引き換へに、神武天皇による肇国を故意に隠蔽する行事内容を画策した。それは先人の苦闘によつてからうじて実現した紀元節の「建国記念の日」としての奉祝意義を空洞化し、日本国憲法を基軸とする戦後の中性的な国家統合のための装置として転用するものだつた。翌年二月、民間からの抗議を封殺して思惑通りの開催に漕ぎつけた中曽根首相は式典に出席したが、そこには神武天皇が鳥見の山に霊畤を樹て天神に大孝を述べ給ふ原初の大嘗祭ともいへる祭祀を画期として成し遂げられた肇国に対する回想は一切無く、抽象概念としての「建国」を祝ふ空つぽで中性的で抜け目のない「式典」だけがあつた。

この時、筆者は制度化と政治折衝、組織的動員により国家を国家たらしめてゐる連続性・共同性の根源つまり国体を開顕することの難しさ、そしてそれを乗り越える行事の必要性を感じた。日本の暮らしそれ自体に根差した朗らかで楽しくより根源的な国体開顕行事の必要性を感じた訳である。

十一月二十三日は何の日？

周知の様に十一月二十三日は「国民の祝日に関する法律」で定められた「勤労感謝の日」である。曰く「勤労をたつとび、生産を祝い、国民たがいに感謝しあう」日である。この「祝日」が施行されたのは昭和二十三年だが、それ以前からこの日は日本国家に於いて最も重要な「祭日」であつた。それが「新嘗祭」である。明治初年、祝祭日は法的には「休日ニ関スル件」として太政官布告で定められ、大日本帝国憲法制定後は勅令の形で改定されてきたが、明治六年の太政官布告以来十一月二十三日は一貫して新嘗祭の日であった。

この日、天皇陛下におかせられては新嘗祭を親祭され、新穀を神にお供へになり御自らもお召し上がりになられてきた。そしてその祭祀自体は明治六年に太陽暦が導入される以前はるか古より、一時戦乱の影響による中断はあつたものの、皇位と共に脈々として継承されてきたのである。更に我々国民自身が確認すべきは、日本国憲法下の現在に於いても、陛下は新嘗祭を厳かに親祭し給ふことである。「天皇陛下が、神嘉殿において新穀を皇祖はじめ神々にお供えになって、神恩を感謝された後、陛下自らもお召し上がりになる祭典。宮中恒例祭典の中の最も重要なもの。天皇陛下自らご栽培になった新穀もお供えになる」（宮内庁ホームページ）。

つまり悠久の歴史を背景とする宮中の新嘗祭に根拠を持つ十一月二十三日といふ祭日を、昭和二十三年当時日本を支配してゐた連合国軍最高司令部（ＧＨＱ）の意向の下、日本の伝統的な世界観文化（人間自身や生命の本質、人間同士、人間と自然・宇宙との関係をどの様に感受し理解し接するかに関する文化。言語・習慣、それらを高度に集約した神話や祭祀等）と国家との紐帯の切断を意図した同年の神道指令と同一の目的で改悪したのが「勤労感謝の日」なる「祝日」なのだ。

新嘗の語意

新嘗祭を十一月二十三日に奉祝する意義は勿論同日宮中で新嘗祭が親祭される事実に依るが、新嘗祭は宮中のみの祭ではない。根源的に同一の世界観文化に根差しつつ、歴史・風土の独自性や主体の立場による多様性を有し、米や粟を食するあらゆる地域・階層で祝はれてきた祭りである。過去から現在に至るあらゆる新嘗祭の意義を一言で示すのは困難だが、新嘗祭一般の意味をその語意から、更に宮中新嘗祭の特筆すべき点を我が古典や祝詞に於ける文脈から考へたい。

『古事記』上巻では「嘗」の字にアへの訓、下巻では「新嘗」の字にニヒナヘの訓が当てられ、『日本書紀』神代巻では「新嘗」また単に「嘗」の字に対してニハナイ、ニヒナメ、ニハナヒの訓が当てられてゐる。またより土俗の語形を示すと考へられる『万葉集』の東歌には新嘗を尓布奈未(ニフナミ)と訓む例や早稲を尓倍(ニヘ)すとの表現があり、『常陸国風土記』では新粟嘗と書いてニヒナメと訓む例がある。本居宣長は『古事記伝』で「新饗(ニヒノアヘ)を約(つづ)めたるにて、新稲を以て饗(飲食を以てもてなす)するを云ふ」と語意を解釈し、後代の学者には語形のバリエーションから本居の説を再考する形で二へ(贄＝捧げもの)ノアヘ(饗)やニフ(新穀の贄)ノイミ(忌＝潔斎)の語意と解釈する者も居る。要は稲や粟の新穀を捧げものとし潔斎して神を飲食でもてなす意である。

宮中新嘗祭の示す皇位の御本質

宮中に於ける新嘗祭の意義を古典の文脈から遡ると、『古事記』天岩戸の段で速須佐之男命が皇祖神・天照大御神の「営田(つくだ)の畔を離ち、大嘗きこしめす殿に屎まり散らし…」の場面で「大嘗」(ここでは践祚大嘗祭の意ではなく、高天原に於ける天皇に当たる皇祖神の新嘗を尊称した語。『書紀』では同じ場面で天照大神新嘗きこしめす時とある)が用ひられ、それを穢すことが『大祓詞』で天津罪(最大の罪科)とされたことに皇位の尊貴性との関はりが窺へる。

天武朝に至り現代に続く日本固有の即位式として天皇一世一度の践祚大嘗祭の形が整へられたが、それ迄は宮中の毎年の新嘗祭を「毎年の大嘗」、天皇即位後初めての新嘗祭を「毎世の大嘗」と言ひ、大嘗といふ言葉自体は今日の新嘗祭に等しかつた様で祭祀実体の同質性が窺へる。「毎世の大嘗」で奏上された『中臣寿詞(なかとみのよごと)』には、皇位の本質と新嘗祭の不可分な関係が如実に示されてゐる。曰く「…皇孫の尊は高天の原に事始めて、豊葦原の瑞穂の国を安国と平けく知ろしめして、天津日嗣の天津高御座に御坐しまして、天津御膳の長御膳の遠御膳と、千秋の五百秋に、瑞穂を平けく安けく、斎庭に知ろしめせと、事依さしまつりて、天降しましし後に…」。

我が古典と祭祀から仰ぎ奉る天皇の文化的な御本質は、日神でもある皇祖神から天壌無窮・神鏡奉斎の両神勅と共に「吾が高天原にきこしめす斎庭の稲穂を以て、また吾が児にまかせまつるべし」といふ斎庭の稲穂の神勅を授けられ、自然と人間の協働による稲作の恵みを頂いて生きる持続可能で平安な社会を地上に実現（祭政一致）する中心者として天降られた皇孫火瓊瓊杵尊（ほのににぎのみこと）そのものであらせられる。

新嘗祭奉祝を基点とした国体開顕、分断打破を

かく振り返る時、分業システム優位の近代社会に於ける利害調整の必要に応じて存在してゐる法律を根拠とした「制度としての国家」以前の、敢へて大和言葉で「くに」と言ひたくなる実在の国家が見えて来る。それは日本列島の風土と歴史に育まれた人間の生命の時間的な連続性、人間同士そして人間と自然との共同性によつて脈々と営まれて来た「暮らしとしての国家」だ。この国家の最も基盤にある営みは、この列島の自然に最も適した主食作物を共に育て共に食べ共に楽しむことを通じた生命の更新である筈だ。

一年草である稲は、水温む春に芽生へて早苗になり、夏に輝く日の光を不断に浴びて育ち、秋にはその黄金の光の化身の様な稲穂を結実させてその生を終へる。その実りを頂いて人間は生きて来た。新嘗祭はかつて冬至に行はれてゐた形跡がある。太陽と稲の再生、それに同期した人の心身・社会の再生を体感する暮らしの大きな節目が新嘗祭である。その暮らしの中軸に坐し生命全体の更新を祈り給ひ体現し給ふのが日神の孫（皇孫）にして稲の神（火瓊瓊杵は穂が賑々しく成熟する意）としての文化的御本質を持ち給ふ天皇陛下の御存在である。

職業、所属団体や思想・宗教に関はりなく、新嘗祭に於いて顕現する御本質に覚醒し自ら奉祝行事を行ふことを通じ、ＩＴ化・国際分業化の急速な進展による人間同士また人間と自然との共同性の分断を突破し、我々は民族悠久の営み恢復への大いなる契機を得ることが出来るのである。尊い御本質を国民が等しく仰ぐことにより、暮らしの次元で国体を開顕することが出来るのである。日本の歴史と伝統に根差した農業振興や地産地消の運動、食料安全保障政策の基調もそこから育つて来よう。

露宇戦争の即時停戦を主導せよ

元日本郵便副会長　稲村公望

米中による世界二分割構想を葬ったトランプ政権

―― バイデン政権の対中政策はどう見ていますか。

稲村　バイデン政権は、表向きは対中強硬姿勢を見せていますが、対中融和政策に転換する可能性は否定できません。米民主党には、米中が結託して世界覇権を二分割する「G2」構想が根強く残っているからです。その背後にあるのが、グローバリスト、国際拝金勢力です。冷戦終結後、アメリカの政策決定者の一部では、「日本の代わりに中国を国際社会の主要プレーヤーとして位置づける」という発想が強まっていきました。遅くとも、一九九五年の大阪APEC（アジア太平洋経済協力）の頃には、「中国を主要プレーヤーとして位置付ける」というアメリカの意向が日本側にも伝えられていたはずです。環太平洋構想を唱えるなど国際社会で影響力を持っていた大来佐武郎氏は、その数年前の一九九三年二月に亡くなっています。実は、その直前に、大来氏は「G2」論者のフレッド・バーグステン氏と電話で話をしている最中に意識を失ってしまいました。大来氏は、バーグステンから「今後、アジアの代表選手は日本ではなく中国だ」と告げられ、強いショックを受けたのでしょう。

トランプ前政権は、オバマ政権に至るまで長年続いてきた対中関与政策を大きく転換し、「G2」構想を葬ろうとしました。「G2」に沿って蠢いていた国際拝金主義勢力をやり玉に上げたのが、大統領補佐官を務めたピーター・ナバロ氏です。彼は「自称ウォール街のバンカーやヘッジファンドマネジャーの集団が米国と中国を行き来して行っているシャトル外交」を批判し、ウォール街の金融関係者は中国の「無報酬の外国人諜報員」だとまで酷評したのです。

２０２０年7月には、マイク・ポンペオ国務長官が、カリフォルニア州のリチャード・ニクソン図書館・博物館で「共産主義者の中国と自由世界の未来」と題して演説しています。アメリカの対中関与政策は、１９７２年のニクソン訪中から、およそ50年間続いてきたわけです。トランプ政権はそれを転換しました。

ポンペオ氏は、この演説の中で、ニクソン氏は、中国共産党に世界を開くことにより「フランケンシュタイン」を作ってしまったのではないかと心配していると語ったことがあるが、まさにそれが今日実現していると警告したのです。

バイデン政権は、トランプ政権の対中政策を踏襲していますが、楽観視することは禁物です。バイデン氏は、オバマ政権の副大統領時代から、習近平主席と個人的な交流を重ねるばかりか、息子を介在させた中国との巨額のビジネス関係を築いてきました。また、バイデン政権は新設された「インド太平洋調整官」にカート・キャンベル氏を起用しました。一見彼は中国に強硬な姿勢を示していますが、親中派とも目されていました。

ハーバード大学に3億6000万ドルの中国資本

―― 未だに中国の資金がアメリカに流れ続けているのではないでしょうか。

稲村　米中協調を推進する国際拝金主義勢力の先兵と目されてきたのが、ヘンリー・ポールソン氏です。一九九〇年にゴールドマン・サックスの投資銀行部門トップに就いた彼は、中国の国有企業再建や株式上場を支援していました。その過程で、ポールソンは王岐山副主席をはじめとする中国の指導者との関係を深めてきたのです。

―― どのような形で中国マネーが使われたのですか。

稲村　例えば、トランプ政権時代の２０１７年には、ハーバード大学が中国資本から、少なくとも3億６０００万ドルの寄付を受け取っていたことが明らかになっています。こうした事実について、軍事アナリストのアンダーズ・コール氏がマイク・ペンス副大統領（当時）に宛てた書簡の中で、「中国共産党政権のコントロール下にある中国資本による、米エリート大学への巨額寄付の背景には、教授たちを「中国寄り」にして、米国の政策または世論に影響をあたえる狙いがある」と警告していました。

また、２０２０年11月にアメリカの民間研究機関「民主主義防衛財団」（ＦＤＤ）が発表した調査報告書も、アメリカの有名大学や著名シンクタンクが中国から巨額の寄付を受けている事実を明らかにしています。

一方、中米友好協会は、全米各地に組成されてきましたが、必ずしも親共産党一辺倒の組織ではありませんでした。例えば、ニューヨークにチャイナタウンで習近平主席の訪米を記念して展示会が開催されたときに、チベットの神々しく美しい山々の写真が掲げられましたが、右の隅に「チベットに自由を」と落書きがされているのを見たことがあります。

ロシアを中国側に追いやる愚策

――いま習近平政権は、中国の影響力拡大のために、南太平洋島嶼国、東南アジア諸国、アフリカなど世界各地で外交攻勢を強めています。

稲村　私が最も警戒しているのは、ウクライナ戦争がさらに長期化し、ロシアを中国側に追いやることです。

キッシンジャー元国務長官は、２０２２年5月23日、世界経済フォーラム（ＷＥＦ）の年次総会（ダボス会議）でオンライン演説し、「理想的には、（ロシアとウクライナの）境界線を戦争前の状態に戻す必要がある」と述べ、今後2カ月以内に和平交渉を進め、停戦を実現するべきだとも言っています。「戦争前の状態」とは、ロシアが２０１４年に併合したウクライナ南部クリミア半島や、親ロ派勢力が支配する東部ドンバス地方の割譲を意味しています。キッシンジャー氏は、「ロシアが中国との恒久的な同盟関係に追い込まれないようにすることが重要だ」とも強調しています。ところが、現在西側陣営は、ロシアを中国との恒久的な同盟関係に追い込もうとしているのです。

私は、ロシアのウクライナ侵攻を招いたのは、ネオコンや国際拝金勢力による露骨なウクライナ介入だと考えています。実は、ロシアとウクライナの間には、

２０１４年9月と15年2月の二度にわたり、「親ロシア派武装勢力が実効支配しているウクライナ東部について、特別の統治を認めるよう憲法改正を実施し、自由選挙を行って東部地域の統治形態を決める」と合意していたのです。ドイツのメルケル首相やフランスのオランド大統領の介入によって結ばれた「ミンスク合意」です。しかし、ＮＡＴＯへの加盟を望んだゼレンスキー大統領は、ポロシェンコ大統領が結んだミンスク合意を反故にしてしまったのです。これがプーチン大統領のロシア侵攻の引き金となったのだと思います。

また、ＮＡＴＯの東方拡大がプーチン大統領の怒りを招いたのは当然です。シカゴ大学のジョン・ミアシャイマー教授は、ブッシュ大統領がけしかけた２００８年のＮＡＴＯ東方拡大路線が、今回の戦争の原因だと明言しています。

先日死去したゴルバチョフ氏が東西ドイツの併合を承諾した時には、ＮＡＴＯをドイツの東国境から拡大しないという暗黙の合意がありました。アメリカはこの暗黙の合意に反して、ＮＡＴＯの東方拡大を進めようとしたのです。ブッシュ政権の国防長官だったロバート・ゲイツ氏ですら、バルト三国などのＮＡＴＯ加盟後は、それ以上の拡大に警鐘を鳴らしていました。アメリカでは、対ソ封じ込め政策を立案したジョージ・ケナンなど、多くの戦略家たちがＮＡＴＯ拡大に反対していました。

―― 日本のマスメディアはこうした事実をあまり報じていません。

稲村 しかも、日本ではウクライナと中国の緊密な関係が注目されることもありません。ウクライナの最大の貿易相手国は中国です。２０１２年に中国海軍は初の空母として「遼寧」を就役させましたが、この空母はウクライナが中国に売却した中古の空母4隻のうちの一隻である「ワリヤーグ」の船体を改造したものです。空母だけではなく、中国は海空軍の近代化に不可欠な電子機器、航空エンジン等でウクライナの支援を受けてきたのです。北朝鮮のミサイル等も同様です。

わが国は、中露の同盟化を避けなければなりません。そのためには、いまこそ主体的な立場に立って、ロシアとウクライナとの軍事紛争の即時停戦を主導すべきです。

天皇を戴く国　八紘為宇実践の系譜（七）

元衆議院議員　西村眞悟

我が国が、大東亜戦争の開戦時に発した「帝国政府声明」と、戦争遂行中に開会された有色人種による世界史上初めての国際会議となった大東亜会議にて発せられた「大東亜共同宣言」（昭和十八年十一月六日）に掲げられた人種差別撤廃と諸民族の共存共栄は、共に現在の世界の理念である。

則ち、大東亜戦争において、文明の転換が起こり、欧米の数百年にわたる人種差別とアジア・アフリカにおける植民地支配の時代は終焉を迎えた。よって、我が国は、大東亜戦争の戦闘では敗れたが、戦争では勝利したのだ。そこで、まず、この帝国政府声明と大東亜共同宣言の要旨を次に掲げる。

〈帝国政府声明〉「今次帝國が南方諸地域に対し、新たに行動を起こすの已むを得ざるに至る、何等その住民に対し敵意を有するにあらず、只米英の暴政を排除して東亜を明朗本然の姿に復し、相携へて共栄の楽を頒たんとするに外ならず」

〈大東亜共同宣言〉「抑々世界各国が各其の所を得、相倚り相扶けて萬邦共栄の楽を偕にするは、世界平和確立の根本義なり。……大東亜各国は、萬邦との交誼を篤うし、人種的差別を撤廃し、普く文化を交流し、進んで資源を開放し、以て世界の進運に貢献す」

そこで、今や世界の文明の理念となったこの声明と宣言の因って来たるところを振り返ったとき、私は神武天皇が御創業の際に掲げられた「八紘為宇」の志に行き着き、深い感慨とともに、この日本に生まれた幸せを感じる。そして同時に、日本は、明治維新によって世界史に参入してから、一貫してこの世界史の舞台において八紘為宇の理念の実践者であったとの思いを深めるのだ。よって、その実践の系譜を次に記しておきたい。

（1）明治三年、西郷隆盛は遙か庄内から薩摩に来た酒井忠篤らに言った（西郷南洲遺訓収録）。

「予嘗て或人と議論せしこと有り、西洋は野蛮ぢやと云いしかば、否な文明ぞと争ふ。否な野蛮ぢやと畳みかけしに、何とてそれ程に申すにやと推せしゆゑ、実に文明ならば、未開の國に対しなば、慈愛を本とし、懇々説諭して開明に導く可きに、左は無くして未開蒙昧の国に対する程むごく残忍の事を致し己を利するは野蛮ぢやと申せしかば、其の人口を窄めて言無かりき、とて笑はれける」

つまり西郷は、八紘為宇の志は、ただ日本に留まらず他国、他民族にも及ぶと言っている。この西郷の思いを基に、三年後のいわゆる征韓論に関する政争の真相は、世評とは異なり西郷は軍を朝鮮に出さずに、自分が一人で朝鮮に出向き誠心誠意の我が真意を伝える努力を尽くす所存であったと思われる。

（2）マリア・ルス号事件

ペルー船籍船マリア・ルス号は、明治五年七月、マカオから二百三十一人の清国人奴隷を乗せて横浜港に入港した。その時、数人の奴隷が脱走して救助を求めた。それを察知した外務卿副島種臣は、人道主義と日本の主権を主張して、神奈川県令の大江卓に清国人救助を命じた。大江県令は、まずマリア・ルス号の出港を停止し、清国人奴隷解放を条件にマリア・ルス号に出港許可を与えた。

この事件は、後にロシア帝国による国際仲裁裁判所に持ち込まれ、我が国は始めて国際裁判の当事者となった（全権公使榎本武揚）。裁判長となったロシア皇帝アレキサンドル二世は、ペルーの日本に対する補償金の支払い要求を退けた。この事件は、奴隷を当然とする西洋文明に対する人道主義を掲げた日本の画期的な異議申し立てである。この時、岩倉具視を代表として大久保利通や木戸孝允等は百九名の訪欧使節団を編成して欧州を回っており、日本政府の首班は西郷隆盛であった。

岩倉訪欧団は、全国三百の藩を県にして、それを現在の都道府県に編成して日本を中央集権的近代国家へと変革する廃藩置県の大切な時期に、約二年間日本を離れて欧米を廻っていたのだ。帰国後、彼らは、次のように謳われた。「条約は、結び損ない、金は捨て、世間に対し、何といわくら」

（3）シベリアからロシア人少年少女八百名とポーランド孤児七百六十五名の救出

第一次世界大戦中の一九一七年（大正六年）、ロシアのサンクトペテルブルクでロシア革命が勃発し、ボルシェビキの赤軍と反ボルシェビキの白軍の内戦が全土に広がる。この時、日本は、内戦で孤立したロシアの子供達八百人と、ポーランドの孤児達七百六十五名を、ウラジオストックから船に乗せてそれぞれの郷里に送り届けたのだ。まず一九一八年（大正七年）五月、内戦の坩堝となったペテルスブルクから八百九十五人のロシア人少年少女が、ウラルに疎開した。しかし、内戦により、ウラルに疎開したペテルスブルクの子供達も孤立して、「ウラル山中をさ迷う子供達」となった。しかし、救援組織によって、翌一九一九年九月、彼らはウラルから六千キロのシベリアを横断してウラジオストックに運ばれ、安全な施設に収容された。また、シベリアには十九世紀から帝政ロシアによって流刑され、また、連行された二十万人ほどのポーランド人がいたが、彼らは内戦によって荒野を彷徨うなかで餓死、病死そして凍死していった。そしてシベリアに孤立した七百六十五人のポーランド孤児が残された。この孤児達を日本帝国陸軍と日本赤十字は、安全にウラジオストックに移動させて保護した。

その後、ロシア人の子供達を祖国に帰すためには、機雷の敷設された危険な海域を通ることになるので、アメリカを含む各国の船会社が悉く断るなかで、日本の勝田銀治郎（後の神戸市長）が所有する陽明丸（船長、茅原基治）が敢然と引き受けてウラジオストックに入港し、八百名のロシアの少年少女を乗せて太平洋と大西洋を渡って機雷の多く浮かぶ海域を過ぎて、一九二〇年十月十日、フィンランドのコイスビスト港（現ロシア領）に到着して、子供達は郷里のサンクトペテルブルクの父母の元に帰っていった。この壮挙は、不思議にも日本側には茅原船長の遺した「赤色革命余話　露西亜小児団輸送記」しかないが、ロシアには、助かった子供達の孫が「ウラルの子供達の子孫の会」をつくり、その代表の孫のオルガ・モルキナさんが、近年、探し当てた岡山県笠岡市の茅原基治船長の墓に参っている。

ポーランドの孤児達七百六十五人も、計五回の船で日本の敦賀港に着き、東京の渋谷と大阪の天王寺に用意された宿舎に入り、病気の者は治療を受け、全員たっぷりと食べて体力を回復した。そして、孤児達は、横浜港と神戸港からポーランドに向けて帰るとき、大声で「ありがとう」、「さようなら」と叫び、「君が代」と「ポーランド国歌」を歌った。

ポーランド政府は、阪神淡路大震災では日本の孤児六十名を、東日本大震災では孤児三十名を、ポーランドに招待してくれた。平成十四年（二〇〇二年）、天皇皇后両陛下がポーランドに行幸啓された際、ワルシャワの日本大使公邸でのレセプションに、九十二歳と九十一歳と八十六歳の元シベリアの孤児が招待されていた。公邸に入られた両陛下は、真っ先に三人の元孤児達に歩み寄られ、手を取られて「お元気でしたか」と、しみじみと言われた。

（4）樋口季一郎ハルピン特務機関長と関東軍と満鉄、二万人のユダヤ人を救出せり

昭和十三年一月、ハルピンでカウフマン博士等が企画した第一回極東ユダヤ人大会が開催され二千人のユダヤ人が集まった。演壇に立った樋口季一郎ハルピン特務機関長は、「ドイツがユダヤ人を追放せんとするならば、その行き先を明示し、予めそれを準備せよ。それをせずして追放するとは刃をくわえざる虐殺に等しい」と演説し、降壇して記者の質問に答えて、「日本人は昔から、義を以て弱きを助ける気質をもっているのだ」と答えた。

同年三月八日、樋口特務機関長は、カウフマン博士から、「ソ満国境の駅オトポールで二万人の欧州から逃げてきたユダヤ人が満州に入れず立ち往生をしている。このまま放置すれば全員凍死する。助けて欲しい。」との懇願を受ける。これに対して、樋口特務機関長は、直ちに決断し、まず満鉄の松岡洋右総裁に会い、特別列車と毛布と食料の用意を頼み、松岡総裁は受諾した。そして、三月十二日、ハルピン駅にオトポール駅から二万人のユダヤ難民を乗せた特別列車が到着し、商工クラブや学校に収容され炊き出しをうけた。もし、極寒の満州における救出が数日遅れたならば、二万人全員が凍死していたであろう。

この日本の関東軍と満鉄によるユダヤ人救出に対し、ドイツのリッペントロップ外相から日本政府に対して抗議があった。これに対して、東条英機関東軍参謀長は、「人道上当然のことである。我が国はドイツの属国ではない」と言い放ち、我が国の閣議も「八紘為宇の精神に基づくこと」とした。

誠の人　前原一誠②
高杉晋作とともに国事に奔走

本誌副編集長　小野耕資

※前号までのあらすじ

佐世八十郎（前原一誠）は、落馬で足を悪くした陰気な青年だったが、二十四歳の時に松下村塾に通い吉田松陰に触れる運命的な出会いを果たす。松陰からは「誠実人に過ぐ」と評され、頼山陽『日本政記』を読めと言われる。しかし師松陰が老中間部詮勝襲撃を計画して捕まる。松陰は獄中から弟子に立ち上がるよう檄を飛ばすが、八十郎は日和って藩からの長崎留学の懐柔に乗ってしまい後悔する。やがて松陰刑死の知らせが八十郎に届く——。

松陰の志に報いよ！

松陰の死は松下村塾門下にとって大きな衝撃であった。

「哀慟至極」

そう手紙に送った通り、八十郎も深い悲しみの中にいた。しかし、メソメソしているだけではダメだ。

「先生の志に報いなくてはすまないではないか！」

そんな心がふつふつと湧き上がってきたのである。

それは他の松下村塾門下も同じだったようで、ここから彼らは一気に国事に邁進することになるのである。この頃八十郎は「一誠」と名乗るようになっていた。「誠実人に過ぐ」と松陰からその誠実さを激賞された一誠である。「至誠の人」たる松陰に倣わんという志が、この「一誠」という名に込められている。

この間桜田門外の変が起こるなど時代は激動の様相を見せ始めていた。松下村塾門下も久坂玄瑞が江戸に出たり激しく政治的な動きを見せる中、一誠は体が弱く、萩で療養に費やす時間が長かった。それが一誠の鬱々たる内向性を一層高めたのである。

この頃松下村塾門下は長井雅樂の「航海遠略策」の弾劾に明け暮れていた。開国を主張する長井許すまじの思いが強かったのである。濡れ衣だったようだが、長井こそが師松陰を死に追いやった元凶だという恨みも重なっていた。ついに久坂や一誠は、長井を藩の主流から引きずり下ろし、暗殺まで計画する。暗殺は失敗に終わったが、長井を追い落とす事には成功し、長井は切腹となった。

長州藩の苦境と一誠

久坂ら松下村塾門下生は京都で活動し、尊王攘夷の旗頭となっていた。他藩の人物との交流も増えていた。また、一誠はこの頃長州藩が中心となって主張したことで設置された天皇直属の親兵の一員となっていた。総督は肥後藩の宮部鼎蔵である。このように尊王攘夷の中心と見られていた長州藩は、口先だけではなく攘夷の先駆けとならなければならないというプレッシャーを受けていた。そこで長州藩は、下関海峡を通過する外国商船に片っ端から大砲をぶっ放したのである。これに対してアメリカ、イギリス、フランス、オランダの四か国は報復攻撃を行った。このとき、列強諸国の圧倒的火力の前に長州藩の砲台は破壊されて降伏と賠償金支払いを余儀なくされたのである。すでにその前年に攘夷論があまりに激しかった長州藩は八月十八日の政変で京都から薩摩、会津によって排除され、七卿とともに萩に帰らざるを得なくなっていた。そこから一発逆転を計った久坂玄瑞らは真木和泉らとともに禁門の変を起し、敗死していた。まさに出る杭は打たれる、踏んだり蹴ったりの状況であった。

一誠はこの時、四か国艦隊の報復に備えるべく萩にいた。一誠は帰藩後、右筆役、七卿方御用掛を命ぜられるなど、藩政にも参与し始め、少しずつ重きを置かれるようになっていた。そんな中での久坂玄瑞、寺島忠三郎、入江九一ら松下村塾門下の相次ぐ敗死は大きな衝撃だった。天地が崩れるような感覚に襲われながらも、一誠には悲しみに暮れる暇もなかった。第一次長州征伐が計画され、幕府や薩摩に長州が攻められるという事態が起こったのである。長州藩は恭順を選択。敗地に塗れた。高杉晋作や一誠らは、潜伏し再起の時を窺うことになったのである。

高杉晋作とともに挙兵

「どうして長州が朝敵なのだ！」

一誠には納得できない思いがあった。長州は幕府による長州征伐で朝敵扱いとなってしまったのである。藩内も幕府に恭順を示す俗論党が枢要を占め、抗幕派の処罰まで行われる始末であった。奇兵隊への圧力も加わった。奇兵隊は藩のカネによって運営されていたから、当然藩の方針が恭順となればその方向に従わなければ直ちに解体の危機にあったのである。奇兵隊は高杉晋作らの発案によって組織された戦闘部隊で、一誠はカネや食料の調達、傷病兵の救護といった裏方に従事していた。だからこそ俗論党にすべてを握られていることへの危機感は強かった。

高杉晋作

高杉は奇兵隊創設者でありながらこの時は総ての役から外されており不遇を囲っていた。おまけに藩政府は諸隊の解散を命令した。

「もう我慢できん！」

高杉は萩を脱出すると、わずか六十人ばかりの兵を率い、功山寺に向かう。

「これより長州男児の胆っ玉をご覧にいれましょう」

高杉は三条実美にそう述べると、ひとり立ち上がった。少ないながらも高杉の蹶起に呼応する人材が登場してくる。一誠もその中にあった。一誠は高杉を死なせるわけにいかないと単騎駆けつけたのである。挙兵日は赤穂浪士の吉良邸討入と、吉田松陰が東北遊学の為に危険を冒して脱藩した日である十二月十四日であった。

「死ぬほどの価値のある場にあれば、いつでも死ぬべし！」

一誠もこのとき断髪を行っている。武士が髷を切るということは、俗人である事を放棄したということだ。決死の覚悟である。

高杉らは萩に向かって進撃する。実は藩主毛利敬親公もまた高杉ら正義派に同情的であったため、藩論は一気に転換、俗論党は追放された。

これにより一誠は藩主の側近たる御手廻組に加えられることになった。破格の出世である。正義派は俗論党に処刑されていたから、要職を担える人材が枯渇していたという裏事情もあった。高杉は、結果的に藩論こそ転換したものの、藩主に背き兵をあげた罪は残っていると感じ、要職に就くことを拒否、伊藤博文とともに英国留学に出かけていった（結果的には長崎までしか行かなかった）。

第二次長州征伐と高杉の死

幕府は長州藩の藩論転換を見過ごさず、再び長州征伐することを目論んだ。長州ではこれに備えるために西洋銃の買い入れが必須であった。だが、幕府に追討令が出されている長州には武器の買い入れができない。これを一挙に転換させる策が、薩長同盟であった。第一次長州征伐では長州攻撃の主役だった薩摩も、この時には方針を変換し、倒幕に傾いていた。

一誠はこの薩長同盟には消極的だった。

「理屈としてはわかる。しかし感情的に承服できない！」

というのが一誠の立場であろう。やはり久坂を死に追いやり、朝敵扱いされ、長州征伐で藩存亡の危機となるきっかけを作った薩摩を許すことはできない。干城隊の頭取など藩行政のトップの一角を占めた一誠であったが、この頃から出仕を渋るようになる。やはり薩長同盟に内心反対の心があるのだろう。とはいえ理屈としては理解できるからか、一誠はこの薩長同盟成立に便宜を図ったりもしている。このあたりはまたウジウジ悩む煮え切らない一誠が復活している。のちに一誠を萩の変に追い込む木戸との確執は、この時から始まっているのである。

とはいえこの時は情勢が確執を表面化させる余裕を与えなかった。第二次長州征伐の戦闘が本格的に開始されたのである。一誠は食料や弾薬の手配といった裏方仕事に再び忙殺されることになるのである。

第二次長州征伐においては、一誠は高杉らとともに主に小倉方面の戦闘を受け持つこととなった。一誠は小倉口の参謀心得となったのである。

しかし馬関に留まり戦闘指揮を執る中で入ったのは、盟友高杉晋作の体調が思わしくないという報であった。結核である。

一誠は高杉の病床を見舞う余裕もないくらい忙殺されていたが、将軍徳川家茂の死去に伴い、幕府方は戦意を失い少しずつ撤退工作を進めていくも、それを長州方に悟られないようにあくまで戦闘のポーズは崩していなかった。そんな中で一誠は高杉に代わり小倉口参謀の役割を受け持っている。事実上一誠の仕事は小倉方面の講話交渉であった。藩政府からは薩摩藩の大山巌を仲介役とし、肥後や筑前に働きかけよというのである。一誠は反発した。

「薩摩に出過ぎた真似はしてほしくない！」

こうして一誠は、藩政府にあって大山巌と会っていた木戸の意向を完全に無視して、現場の判断で小倉藩

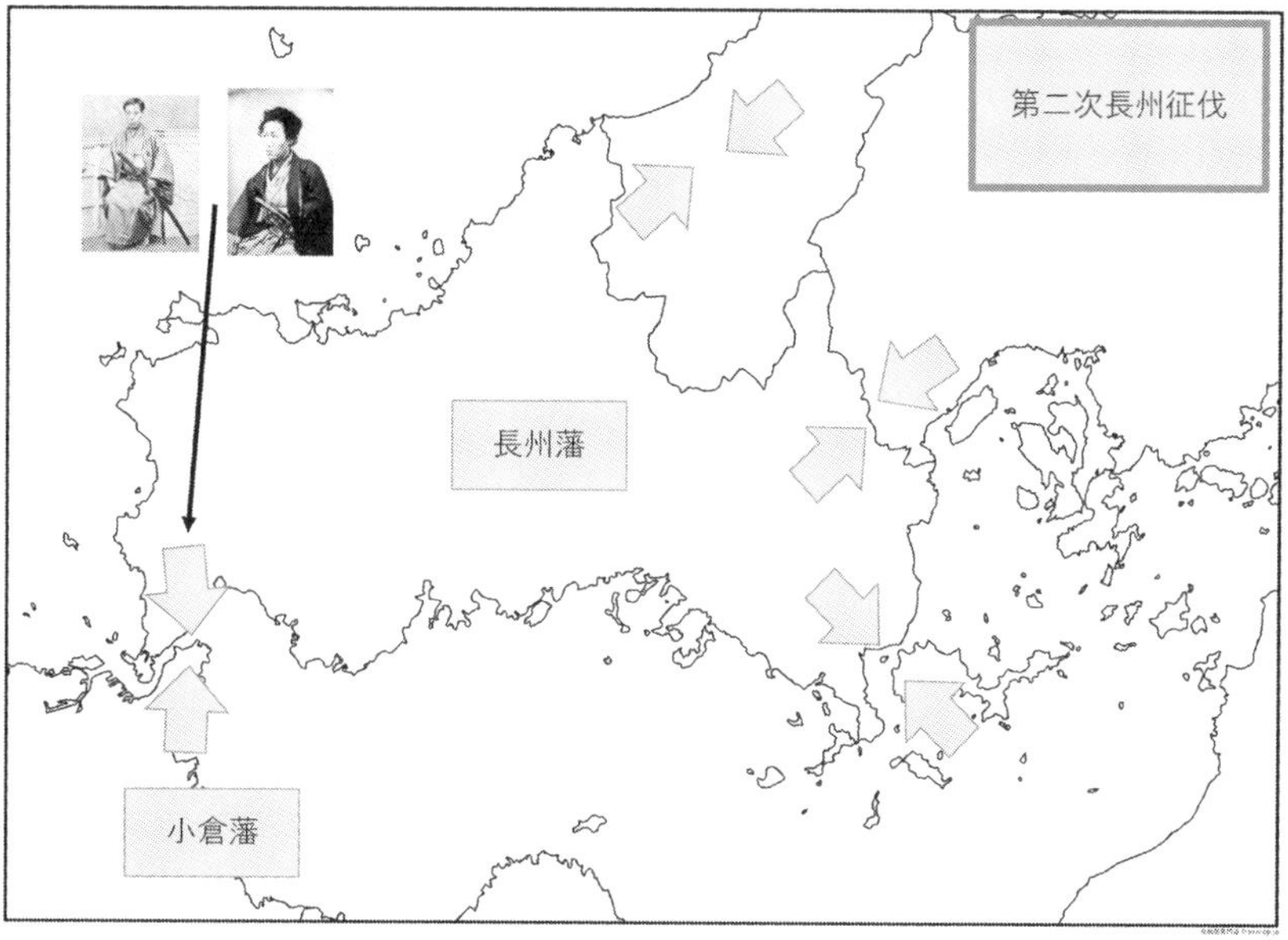

前原一誠、高杉晋作は小倉方面で幕府軍と対峙

の世子を人質に出せなどと強硬な要求を叩きつけた。

幕府軍総督・小笠原長行も海路で小倉から離脱、残された小倉藩が小倉城に火を放ち逃走したため、幕府軍の敗北が決定的となっていた。小倉藩との講和は、結局強硬派たる一誠を抜きにして行われた。一誠はまたも辞意を木戸に手紙で伝え、引きこもった。高杉の病状も気になっていた。だが一誠の辞表は当然受理されるはずもない。木戸は一誠の辞表を握りつぶした。

慶応三年四月十三日深夜、高杉晋作、肺結核のため死去。享年二十九。辞世の句は、「おもしろきこともなき世をおもしろく」である。

一誠は高杉の死を深く悲しんだ。高杉の才気あふれる光あってこその一誠であったといってもよい。しかし、これからは一誠は独力でやらなければならない。

「きっとやる！　志を果たす！」

決意を新たにした一誠はとんでもない奇策を打ち出した。なんと占領地となっていた戦闘に疲れた小倉藩農民に、勝手に年貢半減令を出したのである。ここから仁政にかける一誠の戦いが始まる。

（続）

世界を牛耳る国際金融資本③

中川昭一を失脚させた国際金融資本

祖国再生同盟代表・弁護士　木原功仁哉

アメリカと闘った中川昭一元財務相

戦後の日本政治は、アメリカへの従属を深めた政治家が総理大臣となって長期政権を築く一方で、国益を守るためにアメリカと闘った政治家が悉く司直の手に落ちて政治生命を絶たれたり、非命な最期を遂げる傾向が顕著である。

その最たる例は、麻生内閣において財務相を務めた中川昭一であろう。中川は、我が国が抱える大量の米国債をＩＭＦに融資して処分したほか、尖閣諸島沖の油田の試掘、さらには祖国再生同盟の憲法観である「眞正護憲論」を熱烈に支持していたことなど、我が国の国益を最優先する政治姿勢を貫き、そのためにアメリカとその背後にある国際金融資本の謀略により政治生命を絶たれた政治家であった。今回は、中川の政策と数奇な運命について触れてみたい。

米国債を処分する「中川構想」

我が国の特別会計の一つである「外国為替資本特別会計」（外為特会）は、ＧＨＱ占領下にあった昭和26年に設けられた。その主な資産は、円高時の「円売り・外貨買い介入に伴って取得した外貨」（財務省ＨＰ）などであるが、その実は、円高を抑制するために購入させられた大量の米国債である。令和４年10月末時点で日本の外貨準備高は１兆１９４５億ドル（１６０兆円）であり、その約８割を占めるのが証券で、国民には秘匿しているがその大半が米国債とみられるのである。

我が国は、大量の米国債を保有しているものの、これを売却して介入資金に充てることが事実上できない。なぜなら、日本が米国債を処分するために円買いすれば円高基調になって輸出企業への打撃が深刻となるからである。その元凶は、戦後の我が国が、世界の分業体制の中での「工業立国」として農業を疲弊させられ、自動車製造等の輸出産業なしには経済が成り立たない体制に組み込まれたことにあるのを忘れてはならない。

しかも、巨額の財政赤字を抱えるアメリカが財政的に維持できるのは日本が米国債を買い支えている（日本国民の財産をアメリカに献上している）からであり、仮に日本が米国債を処分して流通させれば、たちどころにその価値が下落し、世界経済が大混乱に陥る。このような事態は、アメリカの通貨発行権を牛耳るＦＲＢと国際金融資本にとって絶対に避けなければならないことである。

確かに米国債にも利子が付くが、これもドル建てなので、円に換算しようとすれば為替変動を招く（円高になる）。そのため、外為特会の資産高の増大は数字上のものにすぎず、塩漬けされ続けている米国債を運用して日本国民の生活を向上させることができないのである。

この問題に真正面から取り組もうとしたのが中川であった。すなわち、平成20年8月のリーマン・ショックの直後に成立した麻生太郎内閣で財務大臣に任命された中川は、かねてから我が国が保有する大量の米国債を処分する方法を模索していたところ、平成20年のリーマン・ショック後に、ＩＭＦ（国際通貨基金）に対して新興・中小国向けの新たな緊急融資制度を設けることを提案し、我が国が保有する米国債１０００億ドル（9兆２０００億円）を原資としてＩＭＦに融資する旨を表明した（中川構想）。この中川構想に基づく制度は各国から高い評価を受け、ＩＭＦのストロスカーン専務理事（フランス）は「人類の歴史上、最大の貢献だ」と述べた。そして、ウクライナ、ベラルーシ、パキスタンが、緊急融資を受けることで救済されたのである。これは、米国債を円に換算することなく処分したという稀有な例であり、しかも、これによって我が国が国際社会に多大な貢献を果たすことができた。しかし、この後に中川とストロスカーンに様々な謀略の手が襲い掛かる。

ストロスカーンは、同年5月のニューヨーク滞在中にホテル従業員の女性に対する性的暴行の疑いで逮捕・訴追された（最終的に検察が起訴を取り下げた）が、次期大統領候補と目されていたものの、その後の女性関係の醜聞が相次いだため、大統領選への立候補を断念させられた。そして、中川は、平成21年2月のG7財務相・中央銀行総裁会議が終了した後の記者会見で、朦朧としてろれつが回らない状態に陥り、これが世界中で報道され、3日後に財務相辞任に追い込まれた。さらに、同年8月の衆院選に落選し、同年10月の自殺へと至る。総理総裁の最有力とみられていた絶頂から奈落の底に追い落とされた中川に何があったのだろうか。報道では、酒と風邪薬を一緒に飲んだなどと報じられたが、飲んだ酒の量は少量であり、これによって風邪薬の顕著な副作用が出るとは考えにくい。

それゆえ、何者かが中川が昼食に飲んだワインに薬物を投入したとしか考えられないのであるが、その黒幕の一人として挙がるのが、ロバート・ゼーリック世界銀行総裁（Robert Bruce Zoellick）である。

ゼーリックは、デヴィッド・ロックフェラーの直臣とされる。国際金融資本は、我が国による米国債の大量処分という「パンドラの箱」を開けた中川を何としても排除しておく必要があったのである。もし、中川が現在の総理大臣であれば、間違いなく1ドル80円台の時代に購入した米国債を130円台の今こそ売却して円高に誘導するとともに、その巨額の為替差益を円安で苦しむ国民に分配するほか、必要な防衛費にも充てていたであろう。

エネルギー自給率向上への取り組み

中川が国際金融資本から目を付けられた理由はこれだけにとどまらない。我が国のエネルギー自給率を向上させなければ真の経済主権を確立させることができないとの確信を持っていた中川は、小泉内閣での経産相として尖閣諸島沖の油田の試掘に取り組んだ。

尖閣諸島沖には、石油、天然ガス、レアアースなど豊富な地下資源に恵まれており、平成16年に中共が本格的に春暁（日本名：白樺）ガス田などの採掘を図った。その採掘しようとした地帯は、日支中間線の日本側に位置しており、中共の採掘によって我が国の資源が中共に吸い取られるおそれがあったことに対抗するため、平成17年に経産相として帝国石油に試掘権を付与したのである。しかし、その後に親中派の二階俊博が経産相に就いたため、それ以上に試掘が進展を見ることはなかった。

もし、この試掘が成功した場合にはどうなっていただろうか。経産省石油審議会が平成6年に試算したところよると、日支中間線の日本側の原油埋蔵量は32・6億バレル（天然ガスを含む原油換算、5・18億キロリットル）であり、現在の原油価格や為替レートに換算するとその価値は35兆円に達する。我が国の年間石油消費量は120万バレルであるから、単純計算で2700年分となり、国内需要を十分賄えるどころか、我が国が資源輸入国から資源輸出国へと転換しえたのである。しかし、国際金融資本は、日本とアメリカのパワーバランスを変更することを決して望みはしない。FRBが刷るドル札の価値を支えているのは、強大な軍事力を持つアメリカ政府であるから、日本が資源輸出国となり強国化することは、FRB及び国際金融資本の死命を制することになりかねない。日本は今もなおアメリカ及び国際金融資本の敵国であり、中川が行った尖閣諸島沖の試掘を許すことなど、決してしないのである。

眞正護憲論が正当であるとの誓い

ところで、祖国再生同盟の憲法観は、現在も大日本帝国憲法が有効であり、占領憲法（日本国憲法）は帝国憲法の下位規範であるアメリカとの「講和条約」の限度で有効であるとの見解（眞正護憲論）に立っているが、中川も全く同じ見解に立っていた。すなわち、平成14年11月、本党の最高顧問である南出喜久治弁護士が、福岡の筥崎宮で開催された憂国忌（三島由紀夫、森田必勝両烈士の慰霊祭）の際に来賓として出席した中川と再会した際、「現行憲法無効宣言」の冊子を渡して熱く無効論を語ったことに対し、これからはこれを基軸に日本を再生したいと中川が誓ってくれたのである。

我が国の主権回復を様々な角度から試みた中川を失ったことは、我が国にとって余りにも大きい損失であった。

保田與重郎から読み解く維新の源流④

山の辺の道から見た大和盆地（筆者撮影）

萬葉集の精神と国史
柿本人麻呂と大伴家持

歴史学者　倉橋　昇

前回、王朝の風雅の道について述べたが、それは古今集以来の伝統に則って歌は学ぶべきであり、近代以降の人為的な萬葉調への回帰は本来の道でないということであった。だが、それは萬葉集の価値や萬葉調の歌の否定でないことは、ご理解いただいているものと思う。人の一生に例えるならば、「少年時代」無くして人の人生を語り尽くすことができないように、萬葉集を語らずして歌は語り尽くすことはできない。同様に「青年時代」や「壮年時代」もまた否定することはできない。近代の萬葉調信奉に筆者が批判的なのは、このような単純な理由による。国の歴史とは人の一生の如きもので、一つの精神によって貫かれていなくてはならない。

本稿は、全ての歌詠みが敬愛する、若く荒々しくも純粋な精神が言霊として顕現した萬葉集が我が国の歴史の成立にどのように関係し、それを保田與重郎はどのように評価していたか述べてみたい。

保田與重郎の見た萬葉集

保田は現在の奈良県桜井市の生まれである。そこは正しく萬葉の歌が数多く詠まれた土地であり、保田は文字通り萬葉集に囲まれながら、その歌を肌で感じて育った。保田は萬葉集について次のように述べている。

我國で最も古く、最もすぐれた詩歌集である。それがすぐれてゐるといふ意味は、文藝として高いものであるといふことに併せて、古代の人の心とくらしが、邪心無くうつされてゐて、日本及び日本人の文明と歴史を知るといふ点で、また今世の反省と教養に資するといふ上で、最も尊い古典である（保田與重郎『萬葉集名歌選釋』)。

保田が萬葉集を読む時、心の中が感動と感謝で一杯になったという。保田はその心を次のような、詩歌のような文章で表している。

わが現身が、日本に生れたといふことのよろこびは、われらの遠御祖の歌はれた至上の詩歌をむかしの言葉のまま今の國語として誦み得、しかもその古の国土が、風景として荒廃することなく、生生の山河は、流水草木に豊かに彩られ、祖先の拓いた水田は、今、秋の稔りに、黄金の波をうち、数数の旧都のあとは、いづこも、その山もその田も、樹木は茂り、耕作は美しく栄えてゐるといふ、まことに文明の歴史の遺趾として、他國に比類ないこの事実である(同)。

つまり、萬葉集を学ぶのは、古の人の心と思ひを知るためであって、文学論的趣向や流行をそこに持ち込むことは、遺憾なことと言える。萬葉集をよむ時、人々は謙虚でなくてはならず、斯くしてその先に神々の世界が広がる喜びを感じ得るのである。萬葉集が「皇神の道義」を明らかにしてくれるのである。この「道義」こそ、我が国の歴史を貫く一筋の道である。

鹿持雅澄の『萬葉集古義』

保田は少年の頃、萬葉集を鹿持雅澄の『萬葉集古義』で学んだ。古人の心の源に立ち返り、その深奥をあまねくわきまえることを旨とする『古義』を保田は、文学の書にして、また歴史の書であると評する(同)。「皇神の道義」は「言霊の風雅」に現れる。これが『古義』の根本的な思想である。言い換えれば、「歴史の信実を形成する仕事といふのは、物欲や権力の争ひごとにかかはる行為や、それを記述する事業を第一義のものとしない」で「平安時代を一貫する日本文学の本質をよみとり、古の道の恢弘する事実に於て、日本の歴史をあきらかにしよう」としたのが『古義』の有難さである(同)。

土佐國の鹿持家は元々京都の公家・飛鳥井家の出であり、代々風雅というものの意味を受け継いできたのであろう。幕末の志士・武市瑞山は雅澄の遠縁にあたり、土佐の勤皇運動の土台には雅澄の「皇神の道義」の教えがあったものと推察される。その答えは、『古義』が明治天皇の勅命により版行された事実に表れているのではないか。

保田は『古義』以外の萬葉集の学びを認めていない訳では決してなく、「我我が今日、萬葉集を安易に訓みうるについては、千年に亘つて、その時代時代の我国の最高の智者文人学匠が、営営の努力を重ねてきた結果」であり、これに感謝する心が歴史を未来に拓くと述べる（同）。『古義』はその最後に出て、国学の精華を綜合整理したものというのが保田がこれを高く評価する理由の一つである。

大伴家持の自負

萬葉の学びに雅澄が多大な功績を残したとすれば、萬葉集の成立の功績は大伴家持のものと言ってよいだろう。萬葉集の編纂者は家持であるということで、今日ではほぼ一致した見方がなされている。家持がいなければ萬葉集はなかったわけで、保田も、家持は「国史上勲功第一等の偉人にして、民族の永劫に恩恵を与へた高徳の人」と称賛を惜しまない。

家持が萬葉集を編纂したのはある志のためであった。またその志が偉大なのである。保田はこれを明らめるために『萬葉集の精神―その成立と大伴家持』という大著を記した。

家持は防人歌の蒐集者であつた。さうしていくたの相聞の歌と大君への心を展いた長歌の歌人である。しかも彼は後の王朝歌風の直接の創始者であり、王朝風の文化雰囲気の立案者であつた。又彼は皇祖天皇に従つた第一の功臣道臣の嫡系に生れつつ、不遇の時代の人生を経験し、特に末路はあはれであつた。

しかしそれだけの条件から、家持のもつた意義を特異な伝記的興味をもつ詩人として云はうとするのではない。彼が大君への思ひから草莽の衷情を展く詩をなしたといふ以上に、彼の全体の意識の働き方が萬葉集のもつ文化を示し、よくその成立の地盤となつた上代文明の意識を現してゐるのである。（中略）このことは彼が偉大な詩人であると共に、よく皇國の精神を歴史として描き得た志の持主たることを示すものである（保田與重郎『萬葉集の精神』）。

萬葉集の読み方の伝統は既に近代には失われていた。それ故、保田は「萬葉集に現はれた歴史の精神を、上代日本人の最高の意識を通じてみるために、大伴氏の異立の歴史と精神に沿ひつつ、家持の自覚と回想を主題として現た（同）」のである。つまり、萬葉集の中に思想として現われている「大君の観念」を家持を通じて理解することで日本の固有の文明を明らかにしようとした。これが保田が家持を考える目的であった。これは近代の萬葉調主義者たちが萬葉の歌を「素朴」つまり意識の低い方へ持っていこうとするのとは、全く逆の方向へ高度な文明をひらくという意識である。従って、保田は近代の萬葉調歌人たちに厳しい批判の眼を向け、「彼らの萬葉調と称する形式による萬葉理解が邪道」であるため、「彼らが務めて排斥した後期の大歌人家持を通じて、萬葉集が皇國の文明精神の形成表現者なる最も偉大な意義を曰はうと思ふ」とまで述べている（同）。この激しい表現は、保田の志と覚悟の表れでもある。

この保田の気迫の籠った文には、天降りの時より武の職を担ってきた大伴氏の当主としての家持が貫いた志と覚悟に触発された趣がある。現在は「海ゆかば」として知られる、家持の長歌を読めば、千数百年の時を越えてその自負と気迫がありありと伝わってくる。国史というのはこのような一筋の精神—「大君の辺にこそ死なめ顧みはせじ」—によって貫かれていなければならず、我が国においてはこのような精神が歌に託され、歌によって伝えられてきたことの有り難みを、我々は歌を学ぶ度に痛感するのである。筆者はこの家持の萬葉集の精神を保田の著作から教わった。この精神を恢弘するため、微力ながら筆を振るっている次第である。

柿本人麻呂の悲歌

萬葉集の精神を考える上で、二つの時代区分が存在する。一つ目は、壬申の乱までの時代。二つ目は、壬申の乱後の人麻呂、黒人を中心とする時代。三つ目が、赤人、旅人、憶良から家持へと続く時代である。この三つの時代を何が分つかと言えば、壬申の乱に対する慟哭である。これが、人麻呂の時代を一種独特なものにしており、国家の大悲劇に慟哭する、神の如き歌人・人麻呂を生んだ時代背景と考えられる。保田は次のように述べている。

私は人麻呂を先頭とするわれらの祖先の大小の歌人が、一せいに彼らの悲しみの詩を歌ひあげることにより、わが国家思想の上に於て、千何百年のちの我々にまで、十分な国史への信頼と希望を与へたといふことを、深い感動と感謝をこめてまづ云ひたいと思ふ（同）。

こう述べた上で、保田はこの慟哭の時代に歴史の精神を守るためになされた辛苦の努力に思いを馳せ、「萬葉集の精神は空疎な浪曼主義になる人間の謳歌ではない（同）」

と言い切る。言い換えれば、彼らの歌は「天真のままに生まれた偉大の文藝でなく、切迫した悲願と述志の歌」ということになる。保田は、この偉大な白鳳時代の歌と比肩するものは幕末維新の志士の歌であるという。平安の文藝ももちろん誇るべきものではあるが、これは國のめでたい太平の証であって、憂国の悲願と悲劇の述志によって生まれたものではないとして、その性質の違いを指摘している（同）。

人麻呂が歌い上げた数々の歌の中でも特に名高いのが、高市皇子の薨去を悼んで詠んだ長歌である。その一首に人麻呂は、壬申の乱という国体精神の危機に対する当時の人々の心情と乱の意味するもの、そして我が国体についての信実を込めた。史料の記録し得ない真実を文藝が現した一例である（『萬葉集名歌選釋』）。歴史を学ぶ者は必ずこれを知らねばならぬので、かなり長いがここに記す。

高市皇子尊城上殯宮之時、柿本朝臣人麿作歌一首并短歌

かけまくも ゆゆしきかも 言はまくも あやに畏き 明日香の 真神の原に 久方の 天つ御門を 畏くも定めたまひて 神寂ぶと 磐隠り坐す 八隅知し 吾大君の 聞しめす 背面の國の 真木立つ 不破山越えて 狛剣 和射見原の 行宮に 天降り坐して 天の下 治め給ひ 食す国を 定めたまふと 鳥が鳴く 東の国の 御軍士を 喚し賜ひて 千磐破る人を和せと 服ろはぬ 國を治めと 皇子ながら 任き給へば 大御身に 大刀取り帯し 大御手に 弓取り持たし 御軍士を 誘率ひたまひ 斉ふる 鼓の音は 雷の 聲と聞くまで 吹き響せる 小角の音も 敵見たる 虎か吼ゆると 諸人の 怖ゆるまでに 指擧たる 幡の靡は 冬ごもり 春さり来れば 野毎に つきてある火の 風の共 靡くがごとく 取り持てる 弓弭の騒ぎ み雪降る 冬の林に 飄かも い巻き渡ると 思ふまで 聞きの恐こく 引き放つ 箭の繁けく 大雪の 乱りて来れ 服ろはず 立ち向ひしも 露霜の 消なば消ぬべく 行く鳥の 争ふ間に 渡会の 斎宮ゆ 神風に い吹き惑はし 天雲を 日の目も 見せず 常闇に 覆ひ給ひて 定めてし 瑞穂の国を 神ながら 太敷き座す 八隅知し 吾が大君の 天の下 申し給へば 萬代に 然しもあらむと 木綿花の 栄ゆる時に 吾が大君 皇子の御門を 神宮に 装ひ奉りて 遣はしし 御門の人も 白妙の 麻衣着て 埴安の 御門の原に 茜さす 日のことご

と鹿じもの　い這ひ伏しつつ　ぬば玉の　夕になれば　大殿を振り放(さ)け見つつ　鶉なす　い這ひ徘徊(もとほ)り　侍へど　侍ひ兼ねて　春鳥の　愁吟(さまよ)ひぬれば　嘆きも　未だ過ぎぬに　憶ひも未だ尽きねば　言さへぐ　百済の原ゆ　神葬(かむはふ)り　葬り座して　麻裳よし　城上宮(きのへのみや)を　常宮と　定め奉りて　神ながら　鎮まりましぬ　然れども　吾が大君の　萬代と　思ほし召して　造らしし　香具山宮　萬代に　過ぎむと思へや　天のごと　振り放け見つつ　玉襷　懸けて偲ばむ　畏かれど

短歌二首

久方の天知らしぬる君ゆゑに日月も知らに恋ひわたるかも

埴安の池の堤の隠沼のゆくへを知らに舎人は惑ふ

この「悲歌にして絢麗」な歌を水戸光圀は「人麿の独歩の英才を以て、不朽を日月に懸けたる歌なり」と評し、保田は「国史観に大安心を与へ、将来の国家民族の開闢創造の力をわきたたせてくれる」とその国史精神の顕現を正確にうつした歌への賛辞を惜しまなかった（同）。

人麻呂から家持へ

人麻呂の時代の「悲痛な祈念」は、家持へと「臣の心をこめた大君の思想」や「臣の志」として受け継がれていった。だが、同時に、家持が代表する歌風―優柔の体―は「あきらかに古代の人麻呂以前の精神を回想」していると保田は見る。すなわち家持以降の王朝の風雅の歌風は決して堕落などではない。それは壬申の乱という「危機」の克服を意味するのであろう。保田は優柔の体を認めない近代の萬葉調主義者たちを手厳しく次のように批判している。

恐らくこの優柔の体を排した人々は、平安文化に於ける宮廷の思想も、それの歴史として後鳥羽院以降に於ける至尊のしきしまのみちも、又隠遁の詩人の宮廷帰依の美学も、ともに解し得ぬ不幸な徒輩である（『萬葉集の精神』）。

家持は、貫之や後鳥羽院、俊成などの魁として、神代から続く一筋の我が国史の精神を守り伝えた傑物と言えよう。そして、彼の先には、言霊の風雅により我が国体の精神を危機から救った、神の如き人麻呂がいた。すなわち萬葉集の精神とは、危機を乗り越え、我が国の歴史を貫く精神のことである。

「維新」としての世界最終戦　現代に甦る石原莞爾⑦

都市批判

里見日本文化学研究所所長　金子宗徳

限られた領土で日本人を如何に養うか

大東亜戦争敗戦に伴い、約六十八万平方キロの領土を有していた我が国は朝鮮・台湾・南樺太など約三分の一弱を失う。これら外地、さらには満洲や南方などに居住し、あるいは軍人として駐屯していた日本人は約六百六十万人と言われ、その引揚が課題となった。

これだけ多くの人々を内地に移送することに加え、財産の大半を外地に残して帰国した人々の生活を如何に支えるか。戦争によって国土が荒廃し、内地で暮らす人々の食糧にさえ事欠く当時の我が国にとって、この課題を解決することは急務であった。

国民皆農・都市解体

この課題に対し、石原は以下の解決策を示す。

一戸五人として、関東以西ならば平均二段（一段＝千平米弱——金子補足）、東北地方であれば三段あれば食糧を自給することが出来る。現在の既耕地は約六百万町歩（一町歩＝十段＝一万平米弱＝一ha弱——金子補足）であり、可耕未墾地は大凡三百万町歩といわれている。仮に一戸平均三段歩を要するとすれば、六百万町歩は二千万戸、即ち一億の人口を包容することが可能であり、更に農法の改良などを以てすれば、一億五千万、或いは二億の人口を養い得る日も決して遠くはない。然るに今日、食糧不足に苦しむ原因は、都市の人々は安価に食糧を入手し得たために甚だしく濫費の習慣に陥っていることであり、農民は増産が価格の下落を来すがために無意識のうちに増産に対する熱情を失っていることである。国民皆農となれば、国民の心身が画期的に健全となるは勿論、生産も飛躍的に増加することは明瞭であり、しかも全国民の食糧は家族一同の修養的慰安的農耕と、通常は主婦の労働によって完全に自給されるのである。〔『新日本の建設』〕

昭和二十年十月に発足した幣原喜重郎内閣で農林大臣に就任した松村謙三、その下で農政局長を務めた和田博雄（後の左派社会党書記長）が推進した農地改革においては、①不在地主の小作地の全て、②在村地主の小作地のうち、北海道では四町歩、都府県では一町歩を超える全小作地、③所有地の合計が北海道で十二町歩、都府県で三町歩を超える場合の小作地等を政府が地主から安値で買い上げ、小作人に売り渡された。これにより多くの自作農が生まれたが、石原の構想は小作農の解放に止まらず、全ての日本人を農業に従事させようとする極めてユニークなものだ。

とは言え、これは机上の計算であり、農村部はともかく都市部において全住民に一戸あたり三段の農地を分配することは困難だ。この難点を、石原は都市解体という大鉈を振るうことで克服しようとする。

国民皆農のためには都市を解体せねばならぬ。都市の心身に及ぼす悪影響は識者の斉しく認めるところであり、都市の膨張を抑制せずしては民族の衰亡は免れ難く、都市解体は民族の生命を永遠ならしむる最良の手段であることは、何人も疑わぬであろう。併し今日の文明は主として都市の所産であり、殊に発達せる工業は都市に依存してきた。文化人の都市に対する愛着は深刻を極めている。従ってその解体は人力を以てしては殆ど不可能である。

この時に突如として出現した怪物が空襲であり、空襲は都市解体の至上命令である。この命令に服従する者のみが次の時代の指導者たる資格を持つのである。（中略）木造家屋の伝統を固

執してきた日本は、敵の空襲によって都市の大半を失った。これぞ日本をして世界に魁けて次代文化を創造せしめんとする神意である。（中略）国民は木造家屋を固持してきた祖先に深き感謝を捧げねばならぬ。或いは不燃焼都市の建設を唱える者もあろうが、神は広島、長崎を犠牲としてその愚を戒めたのである。〔同右〕

具体的には、京浜の余剰人口約八百五十万人のうち約四百万人を京浜以外の関東地方で収容し、残り四百五十万人を新潟県及び東北地方に移すと共に、京阪神からも約六百万人を富山県以西に分散させると石原は試算する。

農工一体・簡素生活

「国民総帰農」論とも言うべき石原の構想であるが、それは近代工業を全否定するものではなく、その意味において『絶対平和論』で同じく「国民総帰農」論を説いた保田與重郎とは大きく異なる。

軍事的に見て空襲は大設備の大集団による生産を不可能ならしむるが故に、文化的からするも都市を解体しても生産の維持増加が可能となったことを推知し得るのである。（中略）戦術を見ても、古代の密集隊形は兵器の進歩と個人の責任感の増進に伴って、各自の能力を発揮せしめるために逐次分散隊形を採り、今日では殆ど個人を単位とするまでに到達した。動力の蒸気から電気への変化、交通通信の発達、経済の公益中心主義への進歩等は、今後急速に工場の分散経営

に向かって進むものと確信する。かくして農工は一体となり、都市生活による生物学的滅亡の危機から救われ、八紘一宇実現後の最高文化に向かって大道を邁進するのである。〔同右〕

つまり、各種インフラが整備された暁には工場が都市から農村部に移転するというのだ。これにより、朝夕は田畑を耕し、昼は工場で生産活動に従事することが可能となるが、一連の改革を実現するためには享楽的な生活スタイルの刷新が求められる、とも石原は主張する。

衣食住は簡素生活に徹底して百獣の王たる獅子の如き身体を作り、一面、人類に与えられた科学の能力を最高度に発揮して高い文化生活を営むのである。簡素生活は民族の生命を永遠ならしめる道であるのみならず、永い間失われていた直感力を恢復するにも、更に謙虚なる人格を養うにも絶対条件である。併しながら簡素生活を実行することは難事中の至難事である。ただ敗戦の汚辱を雪ぎ聖慮を安んじ奉らんがためには急速に都市解体と農工一体の大建設を強行せねばならぬ、との断じて後退を許さぬ要求のみが、これを実行せしめるであろう。簡素生活なくして急速な都市の解体は考えられない。科学の活用部面は先ず交通、通信に超重点を置くべきものと信ずる。簡素極まる衣食住の中にも電話は速やかに各家庭に通じ、最新のテレビジョンも容易に手に入り、小型自動車は自転車に代わって家庭に備えられ、隣組は貨物自動車を共有する。北海道から九州までは急行列車半日の旅となり、飛行機も手軽に利用することが出来る。〔同右〕

簡素生活と一口に言うが、その具体的内容は如何なるものか。

イ、衣。衣服は奢侈と虚栄の根源をなす。これを封ずるには模様物を全廃して、全国民の衣服を一色に限定する。差し当たっては「紺黒」が適当であろう。

ロ、食。享楽中心の不自然なる食生活を一擲して全食、なるべく生食をする。肥料として驚嘆すべき酵素を活用して食範囲を拡大すると共に、食物の天然の味を楽しむ。

正しき食生活は特に品性を養う本である。国民皆農の精神に基づき酵素肥料によって素晴らしき食物を育て、これを酵素を用いて調理し感謝を以て食する。かくて食いたい物を食いたいだけ食えば無病息災となるのが、我等の理想である。

ハ、住。分散する住宅は位置選定の自由を利用して、なるべく物置類を地下に埋め、地上部は極度に簡素な設備となし、類焼防止の空き地を大ならしめる。速やかに各地区毎に標準家屋の研究を必要とする。〔『昭和維新論』（第13版）〕

色気もなければ、味も素っ気もない生活スタイルで、物資や食料が欠乏していた当時においては現実性があったにせよ、現代の我々からすると受け入れ難い部分がある。ただ、その根底に流れる軽佻浮薄な都市生活に対する批判的姿勢には学ぶべき部分があろう。

尊皇愛国の経営　第九回

台湾を全面支援します。その③

㈱フローラ 会長　川瀬善業

昭和六十年五月にも三週間台湾に滞在

昭和六十年の五月七日から三週間、台湾に滞在しました。その目的は、次の三つでした。

①純植物性消臭液のニオイノンノの総代理店に決まった会社への指導。
②高砂族の十三族の人達との交流。
③戦前から台湾に住む人達、いわゆる本省人の人達との交流。

この二ヶ月前の訪台では、台湾で一番大きなホテルの円山大飯店にこもりっきりを余儀なくされたので、昭和六十年の五月の訪問では積極的に外出しようと心に決め、円山大飯店を拠点に大いに動き回りました。

ある時、台北の日本料理店に行ったところ、注文した料理を運んできた女の子が「日本語を話せる」と言うので、その理由を聞いてみると、スミちゃんと名乗る彼女は時々、芸能ビザで歌手として日本に渡り、半年の間、日本各地の店を回り、歌を唄っているとのことでした。日本では、島倉千代子の曲を替え歌にして唄ってもいるそうです。現在の住まいを聞いたら「新竹」だと言うので、サイセット族の人ですか？と聞いたら「そうです」との答えでした。サイセット族は高砂族の中でも千人ほどしかいない少数部族です。これは貴重な出会いだったと思います。

それ以降、時々、スミちゃんに会いに行き、日本各地の色々な話や、高砂族の話で盛り上がっていました。

台湾は、五月になると、真夏のような暑さになります。ある日、あまりにも暑いのでプールで泳ごうと、デパートに水泳パンツを買いに行ったら、なぜかデパートの三階の女性の店員さんが全員集まってきてしまいました。日本人の男性が水泳パンツを買いに来たのが珍しかったのか？　理由は不明？　ですが、とても驚きました。

台湾で有名な、士林区（しりんく）の士林夜市にもよく行きました。全長五百メートルほど続く色々な屋台では、現地のおいしい色々な食べ物をたくさん食べました。

龍山寺というお寺の周辺では、毒ヘビを飼っている商店が数軒ありました。台湾コブラもいましたが、「百歩蛇（ひゃっぽだ）」と呼ばれる毒ヘビは、噛まれたら百歩歩くうちに死んでしまうほどの毒を持っているそうです。

また、台北市内を歩いていると、「地下ダンスをしませんか？」と頻繁に声をかけられました。当時、台湾ではソシアルダンスが流行っていて、地下にあるホールに大勢で集まって練習することを「地下ダンス」と呼んでいたようです。面白そうだったので、私も簡単なステップだけは習いましたが、その成果を人前で披露することなく、終わってしまいました。

嘉義農林学校が甲子園で準優勝

私の会社では年に一回、研修と福利厚生を兼ねた社員旅行を実施しています。主に近場の国内旅行なのですが、三年に一度は遠隔地へ行くことに決めており、社員の人達にも台湾の事を知ってもらおうと思って企画したのが、前回でも触れた平成二十六年二月の台湾旅行でした。

この時は、㈱フローラから五十五人が台湾に行ったのですが、街の色々な所に、「ＫＡＮＯ」と書かれた大きな看板が立っていました。何かな？　と思って聞いてみたら、当時、台湾で大ヒットしていた映画の看板でした。その後、この映画は「ＫＡＮＯ１９３１海の向こうの甲子園」という題名で日本でも上映されたので、私も日本の映画館へ観に行きました。映画「ＫＡＮＯ」は、昭和六年に甲子園で行なわれた「全国中等学校優勝野球大会」に、当時日本統治下だった台湾から、嘉義農林学校の野球部が出場した時の実話を元につくられました。

地域で最も弱いと言われていた嘉義農林学校野球部の監督に、日本の松山商業出身の近藤兵太郎さんが就任しました。近藤さんは、部員達に何とかやる気を出してもらおうと、ランニングの時に「甲子園！甲子園！」と掛け声をかけさせました。町の人達は皆、「弱いくせに何が甲子園だ」とバカにした目でそれを見ていました。しかし、近藤さんの指導の甲斐あってめきめきと強くなったチームは、ついに甲子園出場を果たしました。そればかりか、高砂族と台湾人、日本人の混成のこのチームが、何と準優勝したのです。

そういえば、昭和六十年の三月にニオイノンノの総代理店を募集した時に、集まった人達の中に嘉義出身の人達がいて、嘉義農林学校の野球部が甲子園に出場した話をしていました。彼らは今でも地域の人達の誇りなのだなと、あらためて感じました。

多桑の蔡焜燦さんが語る日本統治時代の台湾

また、平成二十六年二月の台湾旅行の時は、台北市の故宮博物院の食堂で、『台湾人と日本精神』（日本教文社）の著者である蔡焜燦（さいこんさん）さんに講演をしてもらい、私達五十五人と夕食を共にしました。

蔡さんの祖先は福建省の出身でした。日清戦争で台湾が日本領となり、蔡さんの父親は大陸に戻りました。しかし、当時の大陸は清朝末期の混乱の時代で、こんな国では自分と家族の将来はないと悟った父親は再び台湾に渡り、日本国籍を取得しました。昭和二年に台湾中部、現在の台中市で生まれた蔡さんは、「日本人」として台湾で育ちました。日本統治時代、日本語で教育を受けた世代は「多桑（トオサン）」と台湾語で呼ばれていますが、「トオサン」とは日本語の「父さん」から派生した言葉です。

昭和十年に、台湾で大地震が発生した時には、昭和天皇は台湾の被災者の為に見舞金を下賜されました。蔡さんはこの時から、日本に対する感謝の気持ちと、親近感を感じていたとの事です。

昭和十六年十二月八日に、大東亜戦争が始まり、台湾人志願兵の募集が行なわれました。蔡さんは日本兵として戦う事を志願し、昭和二十年一月に、輸送船で日本本土へ向かいました。この時、学徒動員で徴兵された李登輝元総統も、一緒に乗船していました。

蔡さんは岐阜県の教育隊で兵士としての訓練を受けていましたが、八月十五日の敗戦で台湾に帰国しました。台湾には既に、蒋介石率いる国民党軍が上陸していましたが、規律正しい日本軍を見てきた蔡さんにとっては、国民党軍の兵士は服装が汚いうえに、とても高圧的だったそうです。

台湾が日本領から中華民国に接収された瞬間に、蔡さんは立ち会っています。蔡さんの証言によれば、大陸から来た兵士は平気で略奪、暴行を行い、役人達には汚職が横行していました。やがて、台湾の人々の不満が爆発し、二・二八事件へと発展したのです。中華民国領となってから、台湾の公用語は北京語になりました。日本語教育を受けていた蔡さんにとっては、とても困難な状況でした。その為、言葉が上手に使えなくても生きていけるよう、体育教師としての道を選びました。

その後、蔡さんは様々な職を転々としましたが、昭和四十三年十月、当時勤めていた会社の出張で日本を訪問しました。戦時中以来の再訪となったこの時、蔡さんは靖国神社を参拝しています。

民主化後、台湾にもようやく言論の自由が約束されました。すでに実業家として成功していた蔡さんは自分の体験を元に『台湾人と日本精神』を執筆し、台湾の歴史と文化に日本が多大な影響をもたらした事を書き伝えました。司馬遼太郎の『街道をゆく　台湾紀行』（朝日新聞出版）には、蔡さんが「老台北（ラオタイペイ）」として登場しています。また、蔡さんは日本の和歌を学び、日本語で和歌を詠みました。「台湾歌壇」の代表として、日本の文化を台湾の人々に広く紹介しました。この功績が認められ、平成二十六年四月には日本政府から、旭日双光章が授与されています。

『台湾人と日本精神』は当初、生長の家系列の日本教文社から刊行されましたが、近年、生長の家が反日的とも言える方向に転換していることが影響して、同社から再販はされませんでした。しかし、平成十三年になって、小学館で文庫版として大幅に加筆され、発売されたのでした。

残念ながら、蔡さんは平成二十九年七月七日に、台北市の自宅で九十歳で亡くなりました。まさに台湾と日本の激動の時代を駆け抜けた、「親日家」を超えた「愛日家」でした。

高風無窮（六）

その心、ひとたび発せ

森田忠明

一時の感情にまかせて柄にもない、人をこつぴどく苛む機会、みな相応にあつただらう。

顧みれば、不埒に及ぶわが子から市井の不届きな大人まで、少なくともこれまで、数へあげれば限りがなかつた。本来なら心の臓が破裂し、一と悶着起しかねないので、なるべくなら止したいところ。

一般常識をある程度は培つたし、正義感も何ほどかは得た。ゆゑに、他人の言動にいちいちの容嘴はしたくないとの基本姿勢が徐徐に深まつてゐる。ややもすると気が乱れるのが最たる理由だが、いづれ早晩、当人諸子が事のよしあしの極意を摑み取らうとの期待度も大きくある。

その点、道元に耳を傾けよう。

住持長老なればとて猥りに衆を領じ（支配下に置き）、我が物に思うて呵嘖する（叱り責める）は非なり。況んやその人にあらずして人の短を謂ひ、他の非を謗るは非なり。能々用心すべきなり。／他の非を見て、わるしと思うて慈悲を以てせんと思はば、（本人の）腹立つまじきやうに方便して（手段をめぐらして）、傍の事を言ふやうにてこしらふべし（教へ導くべし）。

怒るなとはいつてない。一言も発しないのでなく、あたかも「傍の事を言ふやうに」、やんはり注意を喚起せよといふ。これは一見単純ながら、そのじつ案外むづかしいところだ。

その心あるべし

挙げた一例が、ときに右兵衛左になつたばかりの十三歳頼朝。一日、内大臣邸近くで饗宴があり、一人の狼藉者が現はれた。居合せた大納言が頼朝へ「あの者を取り押へよ」と指図する。頼朝「六波羅（任を負ふ平家）におほせらるべし」。大納言「手近にお前といふ武士がゐるのだから」。頼朝「（私は）その人にあらず」。道元が頼朝の発言を褒めるのは要するに、「その人にあらずして人を呵することがない」への感心からであつた。こんなことなら、あるとして、どうせのことに真人より褒めてもらひたい気がする。

頼朝を引合ひに出して、「今の学人（仏道修行者）もその心あるべし」、かういつたのは、第二義第三義への転落なきやう、ぐつと心を引き締めてあれと戒めたこととなる。立場を忘却して余計な口出しをするのは要らぬ騒擾を惹起するといふのだ。

魯仲連の話もある。戦国時代、斉の雄弁家で高士として知られ、『史記』に列伝がある。

秦が趙の四十万の軍を破り、邯鄲を囲んだとき、仲連はたまたまその邯鄲に遊んでをり、攻囲のなかにゐた。機知を働かせて囲みを解かせ、魏の公子無忌がさらに秦軍を撃ち退かせる。趙の平原君ははじめ仲連のみごとな活動に土地を、ついで祝勝祝ひに千金をもつて報いようとするが、仲連は固辞して受けず、笑つていふ（『史記』「魯仲連鄒陽列伝」）、

――「天下の士の貴ぶ者は、人の為に患ひを排き難を釈き、紛乱を解きて而も（報償を）取る無ければなり。即し取る有らば、是れ商賈（商人）の事なり。而うして連、為すに忍びざるなり」と。遂に平原君を辞して去り、終身、復た見えず。

魯仲連にふれたといふのも、「仏道に入りては仏法のために諸事を行じて、代りに所得あらんと思ふべからず」、これをいつて聞かすためであつた。「終身、復た見えず」には、頭が下がらうといふもの。

かれの以下の言葉も味はつておかう。

――吾、富貴にして人に詘せん与りは、寧ろ貧賤にして世を軽んじ志を肆にせん。

道元はまた、突発するやもしれぬ口論ないし取つ組合ひを、未然に防止するであらう賢い方法と受け取れる文言を発する。当方、なにごとも平穏平安を好む身

なものだから、折あらば一度、試してみたい。

直饒(たとひ)我れ道理を以て道ふに、人僻事(ひがこと)を言ふを、理を攻めて言ひ勝つは悪(あし)きなり。／次に、我れは現に道理と思へども、「我が非にこそ（私のはうが間違ひなのでせう）」と言つて負けてのく（退く）もあしばやなる（早すぎてよくない）と言ふなり。／ただ人をも言ひ折らず（へこませず）、我が僻事にも謂ひおほせず（自分の間違ひにもせず）、無為にして（何ごともなく）止(や)めるが好(よ)きなり。耳に聴き入れぬやうにて忘るれば、人も忘れて怒らざるなり。第一の用心なり。

こんなふうに進行すればめでたしめでたしとなりはするが、しこりが残る残らぬには言及してない。でもこれぢや、口角沫(あわ)を飛ばすていの丁丁発止の議論には至らんだらう。まづ、よしはよし。

風も吹く雪もしき降る歳晩をおもひ寄せゐつ人ま
じらひに

無常迅速なり

「死の至るのは速やかであるから、生死を明らめるは重大」といひ、「暫く存命(ぞんみやう)の間、業を修し学を好まんには、ただ仏道を行じ仏法を学すべきなり」、学問上の「顕教密教などいふ区別を立てた教へや仏祖の言語(ごんご)もいちいち学ぶべきでない」といふ。なすべきは坐禅、と強調する。

かうであるから、「文筆詩歌等」は「詮なきなり。捨つべき道理、左右(さう)に及ばず（役に立たぬこと、いふまでもない）」へゆく。これには異論がある。花鳥風月を詠ひあげる、見るからに雅趣ありさうなのはもとより作り得ないが、生きることに何ほどか彩りを添へたく庶幾するのは文筆詩歌をもつてなすのを当面、最上と考へるからだ。たんなる気休めでいふのでなく、拙い文章にせよ、その線上にずつしりと腰をおろしてゐる。逆にいへば、文筆詩歌がどれだけか、不断におのれを牽引する原動力たり得てゐることか。

この思ひが遂げられるか否か、問ふところではない。いかに低次元であらうがなからうが、所詮、自分は紛ふ方なく自身に与へられた歳月を生きてゐる。さう実感できるとすれば、もはや二の句も三の句もない。

五代十国の一つに杭州を都とする呉越国があり、智覚禅師なる者がゐた。

はじめは官人、財産も多く、心まつすぐな賢者であつた。国司であつたとき、役所の銭を盗んで貧しい人びとに施した。死罪に値する。これを聞いた帝、臣下に諮り、

――この臣は才人なり。賢者なり。今ことさらにこの罪を犯す、若し頸を斬らん時、悲しみ愁たる気色有らば、速やかに斬るべし。若しその気色無くんば、定めて深き心有り。斬るべからず」といつた。勅使がいよいよ斬らうとするとき、少しも「愁の気色無し。返りて喜ぶ気色あり。自ら云く、『今生の命は一切衆生に施す』と」。

これを帝に報告する。本人にその心を問ふと、

――官を辞して命を捨て、施を行じて衆生に縁を結び、生を仏家に稟けて（次の世には修行僧に生れて）一向に仏道を行ぜんと思ふ。

これを感じ、許して出家せしめた。道元曰く、

今の衲子（禅僧）も是れほどの心を一度発すべきなり。命を軽くし、生（衆生）を憐れむ心深くして、身を仏制に任せん（仏の定められた通りにしてゆかう）と思ふ心を発すべし。若し前よりこの心一念も有らば、失はじと保つべし。これほどの心一度発さずして、仏法を悟る事はあるべからず。

表面的の形こそ違へ、斯の道もまた元来、決死の相を漂はせてゐる。むろん往きがけの駄賃為事でもなければ一時気を晴らすお遊戯でもない。ここらあたりに開眼し、つね痛感痛省してゐなければ歩武といふも限りなく苦にがしい。

「近くにきた序でに立ち寄つた」と告げられて、心からよろこぶ者、さうさうはゐまい。「序で」には本当の場合と、わざとの場合とがあるけれど、両者とも、当人めがけていそいそと参じたわけではない。右の譬へ話、すつきりした解決策のないのが薄ら寒い。いづれにせよ、「本気心」を一度は発したいもの。

いつもいつもおのが本気度しめさむと打ちてし出
づる男の子はなきか

愛郷心序説［完］

戦後体制からの脱却

奈良県御所市議会議長
杉本延博

我が国の歴史を振り返ってみて、地震や風水害等による自然災害に関する多くの被害がでた記録が遺されている。その都度、歴代天皇は被害にあった地域や民のことを想い、救恤策を施されたり、神々へ復興の祈りを奉げられてきた。

「上玄は私すること無く、神功を運びて濟を下し、至人は己を忘れ、聖徳を推して仁を敷く」（仁明天皇　伊豆の國震災優恤の詔）

震災によって、甚大な被害の出た伊豆国の民にたいして、救済策を講じるよう仰せになられた詔である。このような自然災害によって、被害を被った民にたいする歴代天皇の「愛民」の大御心を仰せだされた詔勅を多く拝することができる。社会的な事情により、苦しむ民の負債を免じるよう仰せ出された詔もある。

「天下の百姓の、貧乏に由りて、稻及び貨財を貸す者は（謹略）以前をば、公私を問はず皆免原せ」（天武天皇　貧民の負債を免じ給ふの詔）

当時の苦しむ民にとって、この救済策は、どれだけ喜ばれたことであろうか。国民の安寧を実現することが政治の要諦である。社会情勢などにより国民の苦を和らげる策を執り行うことが、正しい政治の姿であるのだ。また暴利を貪り私欲を肥やす者、勢力が現れた場合に、その悪しき行いを規制する大御心を仰せ出された詔もある。

「先に禁斷有りしが、曽て未だ懲り革めず。而も今京内の諸寺、利潤を貪り求めて、宅を以て質に取り、利を廻して本と爲す」（桓武天皇　僧徒の利を貪るを禁じ給ふの勅）

「山川藪澤の利は、公私之を共にすること、具に令文に有り。如聞、比來、或は王臣家及び諸司・寺家、山林を包ね併せて、獨り其の利を專にすと」（桓武天皇　王臣家等の山澤の利を獨占するを禁じ給ふの詔）

高利で金を貸し付けて民から暴利を貪ったり、山林原野等を占有して利益を独占していた一部の悪質な僧徒、諸氏、寺家などの有力者にたいして、厳しく取り締まったり、罰して民の窮状を救うよう仰せ出された詔勅である。

他にも、孝謙天皇は「集會飲酒を禁じ給ふの詔」「雙六を禁じ給ふの詔」を仰せだされるなど風紀を正して、民の道徳秩序を健全にする大御心を仰せ出されたこともあった。

すべては神武天皇の「橿原建都の詔」のなかで仰せになられた「時に随ひて制を立つる」。国民の利益に適い時世に適応するような制度を構築するようにとの大御心につうじているものだと考えている。歴代天皇は、国民の安寧と世の平安をお祈りそばされてきた。今上陛下もお祈りあそばされている。いつの世も我が国に生きる国民にとって有難くも尊い大御心が、歴代天皇の詔勅、御製をつうじて顕現されているのである。

前回でも記したが、歴代天皇の詔勅は、日本民族にとって最高の御教えであり、政治、経済、社会、教育などあらゆる分野の指針となるものであると考えている。また「国安かれ　民安かれ」の理想のまつりごとを実現するための基本要諦であると思う。

正しい政治を執りおこなっていくためにも為政者は、歴代天皇の詔勅を拝して学ぶべきであろう。すべては「国安かれ　民安かれ」の実現のためである。

さて今年で大東亜戦争後77年を迎えた。今だ戦後占領政策から脱却できず、日本民族弱体化路線をまっしぐらに進んでいる。

一日一年と戦後体制が続くことは、一つ一つ、真の日本の歴史、伝統、文化の素晴らしい灯が消えていくことになる。悪しき動きを止めねばならない。戦後体制から脱却して真の日本を再興しないといけない。

そのためにも日本的維新運動の烽火を国民運動として巻き起こしていかねばならない。地方から「愛郷心」をもって「社稷」の再興、民族共同体の復興のうねりを挙げていかねばならない。

国内国外とも政治社会状況は混迷を深めており、先行きが不透明だ。真の日本が再興して、この難局を突破して、世界に向けて起ちあがっていかねばならないときを迎えているのではないだろうか。

さて12回にわたって「愛郷心序説」として小生の拙い考えを訴える場を提供していただいたことに心より感謝申し上げたい。この回をもって最終とする。

いにしへのうたびと　第八回

額田王のうたごころ

歌人　玉川可奈子

『万葉集』を開くと、その第一首目は雄略天皇の御製（天皇の御歌を御製と申し上げます）に始まります。この御製は、『万葉集』の開巻第一首目に、まことにふさはしいものです。現代では、雄略天皇の御製ではないと考へる説が有力ですが、その確たる証拠はありません。そして、舒明天皇の香具山の上より国を讃める御製に続き、その名の読み方さへわからない謎の中皇命が現れ、次に同じやうに読み方さへわからない軍王。さらに額田王の名が出てきます。今回のお話しは、さう、額田王です。

万葉歌人の中で、人気のある女性といへば、笠女郎や狭野茅上娘子、大伴坂上郎女らがただちに思ひ出されませう。しかし、さうした女性歌人の中でもつとも人気もあり、かつ優美にして繊細、それでゐて壮大な調べをなした人といへば額田王をおいて他にはゐないでせう。

彼女の天智天皇七年五月五日、蒲生野に遊猟された際に詠まれた、

あかねさす　紫野行き　標野行き
野守は見ずや　君が袖振る（一―二〇）

（紫草の生えた野の、立ち入りを禁じた標野の中を行き来して。野守が見ないはずはありませんよ。あなたが袖を振るのを）

そして天武天皇（大海人皇子）の御返歌、

紫の　にほへる妹を　憎くあらば
人妻ゆゑに　我恋ひめやも（一―二一）

（紫草のやうに美しいあなたを、嫌に思ふのならば、人妻なのに何故こんなに私は恋しく思ふのでせう）

は天智天皇と天武天皇との三角関係を歌たつたものとして解釈されてをり、今でも、その調べに魅かれる人は多いと聞きます。しかし、現代では天智天皇との三角関係にあつたといふ説は否定され、宴席のおたはむれのやうに考へられてゐます。その証拠に、この御歌は恋の歌を収める相聞歌ではなく公的な場で詠まれた歌を収める雑歌の部にあります。

額田王を一言であらはせば、謎です。額田王は『日本書紀』「天武天皇紀」に「天皇初め王女と額田姫王を娶り、十市皇女を生む」とあるのみで、鑑王女の妹と考へられてゐます。大和国平群群額田郷に住んでゐたことから、額田王と呼ばれたとのことです。その数々の歌はとても優れてをり、いまなほ私どもの心をひきつけてやみません。今回は、額田王の今なほ私どもの心をひきつけてやまない点を、『万葉集』に書かれた歌から三点に絞つてお話しいたしませう。

「秋山我は」の感性

題詞から見てみませう。「天皇、内大臣藤原朝臣に詔して、春山の万花の艶と秋山の千葉の彩とを競ひ憐れびしめたまふ時に、額田王が歌をもちて判る歌」。歌は次のとほりです。

冬こもり　春さり来れば　鳴かざりし　鳥も来鳴きぬ　咲かざりし　花も咲けれど　山を茂み　入りても取らず　草深み　取りても見ず　秋山の木の葉を見ては　黄葉をば　取りてもぞ偲ぶ　青きをば　置きてぞ嘆く　そこし恨めし　秋山我は

（一―一六）

（春になりますと、今まで鳴かなかつた鳥も来て鳴きはじめます。咲かなかつた花も咲きはじめますが、山が茂つてゐるので、山に入つて取ることもせず、草が深いので手に取つて見ることもありません。しかし、秋山の木の葉を見ては、赤く色付いたのは、手に取つて愛します。まだ青いのは、そのままに嘆息します。その点がなんとも残念です。秋山こそ良いと思ひますよ、私は）

近江大津宮で、天下を治められた天皇、すなはち天智天皇の御代のこと。内大臣とは藤原鎌足のことです。天智天皇が鎌足に、「春山の花と秋山の黄葉のどちらが美しいのか」と御下問あそばされた際に、額田王が歌を以つてお答へしたものです。額田王は、双方の美しさを比べることはせず、手に取ることができるかどうかを見て、そこで秋山の方をよしとしました。

素敵な感性です。春か秋か、花か黄葉か、これらは趣味と好みの問題であつて、現代でも「秋はなんとなく悲しいから、春の明るい雰囲気が好き」といふ人もゐるでせう。私は、どちらも好きだし、深く考へたこともありませんから、春の魅力にも言及しながら、秋を良しとした額田王の感性を素敵に思ふのです。

「今は漕ぎ出でな」の王者の調べ

熟田津に　船乗りせむと　月待てば
潮もかなひぬ　今は漕ぎ出でな（一―八）

（熟田津で船に乗り込まうと月の出を待つてゐると、潮も船出にちやうど良くなつた。サア今こそ漕ぎ出さうぞ）


額田王といへば、先に紹介しました「あかねさす…」の歌が印象的であり、多くの人がそれを代表的なものと考へてをりませう。そして、同じやうに額田王の代表とされるのが、この熟田津の歌でありませう。熟田津は、現在の松山の少し北のあたり、堀江あたりと言はれてゐます。

この歌は、山上憶良の「類聚歌林」（憶良の歌集でせうか）によると、次のやうに書かれてゐます。

「舒明天皇九年（六三七）十二月十四日、天皇と皇后は伊予の湯の宮の離宮に行幸あそばされた。斉明天皇七年（六六一）正月六日、御船は筑紫へと出帆された。十四日、御船は伊予の熟田津の石湯の離宮に停泊された。天皇は、かつて舒明天皇と行幸あそばされた時の風物が現在も残つてゐるのを御覧になり、懐古の情を起こされ、歌を作られ、悲しみの気持ちを表はされた、とあり、すなはちこの歌は斉明天皇の御製である。額田王の歌は別に四首ある」

まさに、白村江の戦ひの直前、新羅を討ちたまはむとされた時のことです。まさに、皇御軍（天皇の軍隊のことです）は緊張の真つ只中にあつたでせう。そして、この歌に触れた皇御軍は、まさに士気を高めたことでせう。

額田王にはシャーマン的な存在であつたといふ説がありますが、それもある意味で肯はれるでせう。さういふ立場にあつたからこそ、斉明天皇に代はり雄大な王者の調べを有した一首を作ることができたと思ふのです。

しかし、王者の調べとはいつても、素朴なものです。血気や勇ましさ、妙な言立てがありません。古代に限らず、歌は本来、このやうに素朴なものです。素朴だからこそ、人の心に滲み入り、長く受け継がれる。そこには、いはゆる賢しらや外国風なものがありません。ここが、この歌のみならず、万葉の歌を評価する視点です。額田王は、自然の美をとらへる視点のみならず、天皇になり代はり、歌によつて皇御軍を励ます豊かなうたごころをもつてゐたのでした。

「君待つと」天智天皇を偲ばれて

先述の「類聚歌林」によると、近江への遷都の際に詠まれた歌があります。その日は、天智天皇六年（六六七）の三月十九日。もしかしたら、山辺の道を通つて行かれたのでせうか。

三輪山を　しかも隠すか　雲だにも
心あらなも　隠さふべしや（一―一八）

（三輪山をあのやうに隠すものか、せめて雲だけでも思ひやりがあつてもよいものなのに、あのやうに隠してよいものか）

近江に都を遷し、やがて天智天皇十年（六七一）十二月三日、天智天皇も崩御されます。その時、額田王も天皇への挽歌を捧げます。私は、額田王は天智天皇を心からお慕ひしてゐたものと捉へてをります。

『万葉集』巻の四と八には次の歌が伝はつてゐます。

君待つと　我が恋ひをれば　我が宿の
すだれ動かし　秋の風吹く（四―四八八）

額田王の歌の中で、特に私の心を打つのは、この歌です。意味は、「あなたをお待ちして、恋しく思つてゐると、我が家のすだれを動かして秋の風が吹きます」となります。素敵な歌です。なほ、この歌は、奈良朝時代の歌人による仮託とする説もあります。しかし、私は、仮にさうであつたとしても額田王の感性と情を汲み取り見事な調べをなした古人に感嘆するのです。

断片的に、額田王の歌をたどつてみました。そこから分かることは、額田王は素敵な感性を有し、天智天皇を慕はれ、真心を込めて歌を奉つてゐた人だといふことでせう。

女性の鑑とでもいふべき、素敵な感性と才能に、今なほ私は憧れの思ひを懐いてゐます。

在宅医療から見えてくるもの

西洋近代文明の陥穽とその超克⑨

「いま、ここ」を生きる

医師 福山耕治

マシュマロ実験

あなたはには自制心があるだろうか？衝動や欲望を抑えることができるだろうか？目の前に置かれたマシュマロを食べずに我慢することができるだろうか？

マシュマロ実験というものがある。これはアメリカの心理学者が行った実験で子供時代の自制心と将来の社会的成果の関連性を調査したものだ。4〜5歳の保育園児の目の前にマシュマロを置き「今すぐに目の前のマシュマロを食べるか？20分我慢してもう一つマシュマロをもらうか？」を選ばせるというものだ。

結果としては目の前のマシュマロを我慢してもう一つマシュマロをもらえた子の方が(自制心のある子の方が)将来の学力や収入が高いということであった。後の再現実験では家庭環境の方がより重要であるとの結果が確認されているので注意が必要だが、自制心が社会的成功と結びついていることを示す一つのエビデンスだ。

自制心といえば完全無欠のように聞こえるが、このマシュマロ実験のように「未来」と「現在」を比べて（天秤にかけて）「未来」を大切にして「現在」を犠牲にしているとも言える。

準備の準備、計画の計画

社会的成功を収めるためには自制心だけではなく準備や計画も必要だ。例えばプロスポーツ選手になるためには幼い頃からそのスポーツを始めなければならない。リトルリーグに所属して活躍しそのスポーツの強豪校と言われる中学校そして高校に進学する。プロからの誘いを受けるためには中学や高校で活躍して注目を集める必要があるし、大学や社会人を経由し更に技術に磨きをかけて即戦力としてプロに入るという道筋もあるだろう。たくさんのプロ志望者の中でほんの一握りの人だけがプロになることが出来る厳しい世界だ。まったくの未経験者が高校生になってからそのスポーツで「プロになりたい。」と思ったとしても後の祭りだ（例外として何十年に一人の天才もいるかもしれないが…）。「鉄は熱いうちに打て」とも言う。

スポーツであれ学業であれ芸術であれ、成功を収めるためには早め早めに準備をしたり計画を立てたりすることが必要だ。極端な言い方をすればそれこそ準備の準備や計画の計画が必要とも言える。これを突き詰めていくと世に言う「レールの敷かれた人生」になってしまう。幼い頃から決まりきった計画通りに人生を送るということになる。計画に沿って準備をすれば次の準備が待っている。その準備を済ませれば計画で次の準備が決まっている。いつまでたっても「現在」は「未来」のための時間になってしまう。

このように考えていくと、どこまで行っても「未来」のために「現在」を差し出さなければいけないような気分になる。そういった在り方というものは果たして幸せと言えるのだろうか？

因果律の罠

ここまでくると賢明なる読者の皆さんには筆者の言いたいことがお分かりだろう。自制心や準備や計画は何かを成すためには必要不可欠であるが、その一方で、ある意味においては「未来」を大切にし「現在」を犠牲にしている、ということだ。ここに落とし穴がある。言わば「因果律の罠」というものに気を付けなければならない。因果律というと難しく感じられるかもしれないが、平たくいうと「現在Aという事象（原因）が起これば、必然的に未来にBという事象（結果）が起こる」という考え方だ。この原因と結果の関係性に囚われてしまうと「未来のために現在をいかに過ごすか？」という考え方になってしまう。常に自制心を働かせ準備や計画に勤しむようになる。そして、「現在」を犠牲にして「未来」ばかりを大切にしていると、いつしか「現在」が楽しめなくなってしまう。そればかりか今度は「今のままで大丈夫なのだろうか？」という疑念が湧いてくる。もっと悪くすると「今が良くないのは昔ああだったせいだ。」というように「過去」のことについて後悔するようになる。

ここで医療の話に戻ると、在宅医療に限らず医療全般で患者さんやその家族が「因果律の罠」に囚われてしまっているケースに遭遇する。エビデンスに溢れる情報過多のこの現代にあって「因果律の罠」から逃れることは難しいことなのかもしれない。「○○をすると××になる。」「□□をしなければ△△になってしまう。」など健康や医療に関する様々な因果（エビデンス）が巷に溢れている。癌や老衰の末期の患者さんがこの「因果律の罠」に苦しめられる。終末期に差し掛かっても厳格な食事制限が強いられることも稀ではない。苦痛な副作用に耐えて死の寸前まで化学治療を受け続けることもある。一体いつまで自制心を持たなければならないのか？一体いつになれば準備や計画から解放されるのか？

在宅医療の対象は主に要介護状態の高齢者である。特に老病死の差し迫った患者さんでは残された時間が少なくいつ「死」や「終わり」が来るのか分からない。不確かな「未来」よりも確かな「現在」のほうが大切だ。健康で残された時間がたくさんある状況とは逆に、老病死の迫った患者さんでは自制心や準備や計画は大した意味をなさない。マシュマロは今すぐに食べたほうが良い。

「いま、ここ」を生きる

１９７８年から１９７９年にかけて放送された出崎統監督のテレビアニメ「宝島」。最終回の1話前の第25話で主人公の少年ジムが、囚われの身となり縛り首を待つ状態の海賊シルバーに問いかける。「どうしても、答えてほしいことがあるんだ。シルバーにとって一番大切なものはなに？」。シルバーは答える。「今はこの一杯のコーヒーさ。」。

ある意味からすると、老病死が差し迫っていようがいまいが、永遠に生きることが出来ない存在である人間は皆「囚われの身となり縛り首を待つ状態の海賊シルバー」と同じであると言える。もっと言えば、いくら健康な人でも確実な明日が保障されているわけではない。もしもそうであるならば、いやむしろ、そうであるからこそ、「いま、ここ」を生きなければならない。目の前の一杯のコーヒーを大切に味わわなければならない。これはただ単に享楽的に生きるという意味ではなく目の前のことに集中するということだ。何か大きな目標に向かっているとしたら、その目標を達成するための努力に精一杯集中するということだ。全力で何かに集中しているその瞬間は幸福と言えるだろう。

禅にも「而今（じこん／にこん）」という言葉があるという。「過去にも未来にも囚われず、ただ今を精一杯生きる」という意味である。何歳であろうと、いつであろうと、「いま、ここ」を生きるべきだ。

誤解のないように強調しておきたいが、筆者は自制心や準備や計画が不要であると言いたいわけではない。衝動的に、欲望に忠実に、刹那的に生きるだけでは動物や昆虫と変わらない。自制心や準備や計画はむしろ人間だからこそそのものだ。ただ、偏り過ぎてしまい「いま、ここ」を忘れてしまうことを危惧している。

「因果律の罠」とは二者択一的に「未来」を大切にして「現在」を犠牲にすることである。「未来」を大切にして準備や計画に邁進するとしても「いま、ここ」を生きることを忘れてはいけない。「現在」と「未来」の二者択一ではなく、うまくバランスを取りながら「現在」と「未来」を同時に大切にしなければならない。目的地に向かって列車に乗っているとしたら車窓から見える風景を楽しむようにしなければならない。

西洋近代文明の陥穽、それは「因果律の罠」に嵌ってしまい「いま、ここ」を生きることを忘れてしまうことである。エビデンスという「因果律」に囲まれて生活するうちに、無意識に、二者択一的に「未来」を大切にするようになり「現在」を見失ってしまう。「未来」を大切にしながらも「いま、ここ」に集中して生きなければならない。「因果律の罠」から意識的に抜け出す必要がある。

筆者の担当する特別養護老人ホームにいつも野球帽をかぶっている認知症の患者さんがいる。ある日何気なくその野球帽を見ると次の文字が刺繍されていた。「ENJOY NOW」と。

藤本隆之さんを偲ぶ会

遺文集を参加者に贈呈

令和四年十二月十一日午後、本誌顧問（展転社前社長）の藤本隆之さんを偲ぶ会が、アルカディア市ヶ谷「霧島」で開催され、藤本さんと親交のあった約百名が参加した。

会場は、まるで「愛国陣営オールスター勢揃い」といった様相を呈した。藤本さんがいかに幅広い人脈を築き上げ、いかに多くの人から愛され、慕われていたかを誰もが実感したことだろう。

会場には藤本さんが編み、あるいは愛読した書籍、愛飲していた焼酎のボトル、愛用のメガネやジャンバーが置かれた。

司会は一般社団法人日本経綸機構理事の荒木紫帆氏が務めた。第一部の慰霊祭は、神社本庁職員の稲貴夫氏が斎主、小石川大神宮の神屋善四郎氏が副斎主、國學院大學大学院生の櫻井颯氏を祭員をつとめ、神社本庁職員の瀬尾芳也氏の典儀により厳かに斎行された。藤本大人命の生き様を綴った祭詞に涙する参列者もいた。続いて不二歌道会代表の福永武氏が藤本さんの遺詠を奉唱した。

朱夏　青春

武蔵野の寒夜風吹く帰宅路に
　襟立て見れば星のまたたく
遅々として歩む道行き凛とせむ
　彼方さやけし宵の明星
故郷を高層ビルの夕映えに
　思ふ我ゆゑいづこへ行かむ
さだめなきと辞世詠みたるその人の
　友へ遺せる言の葉おもし

藤本隆之さんを偲ぶ会

　続いて展転社会長の相澤宏明氏が祭文を奏上、同社社長の荒岩宏奨氏が神谷俊司氏、河本學嗣郎氏らの献詠を奉読した。

　第二部の直会は、日本経綸機構代表理事の森田忠明氏の献杯の挨拶で始まり、藤本さんの雄姿あふれる動画や懐かしい写真がスクリーンに映し出される中で、國學院大學名誉教授の大原康男氏、元衆議院議員の西村眞悟氏、京都産業大学名誉教授のロマノ・ヴルピッタ氏らが、藤本さんとの思い出を披露した。その後、本誌編集長の坪内隆彦が中締めの挨拶し、名残惜しい気持ちの中で閉会した。偲ぶ会に合わせて、実行委員により『藤本隆之遺文集　尊皇愛国の志と情』が編まれ、当日参加者に贈呈された。国体政治研究会代表幹事の中村信一郎氏は、序文で「藤本氏の言動の源は何か。本書収載の諸々の言論の中で色々と述べられてゐるが、敢へて選り抜けば、「草莽」にして「恋闕」の志と言ってよい」と書いている。

　藤本さんの志と情を決して忘れません。ありがとうございました。安らかにお眠りください。

ロマノ・ヴルピッタ氏

【書評】

『欧米の謀略を打ち破り よみがえるロシア帝国』

対米追従を続けるわが国の指導者たちは、アメリカの覇権が永遠に続くと期待しているのだろうか。本書を読むと、そうした期待は裏切られ、日本が世界の潮流から取り残される現実を直視せざるを得なくなるだろう。

「いよいよ世界は、旧体制の西側とその他＝ザ・レストに分かれていく。…日本は属国ゆえに、その流れからどんどん取り残されていく」（２０９頁）

本書がそう指摘する根拠はいったい何か。副島隆彦氏は「サンクトペテルブルク国際経済フォーラム」（ＩＥＦ）に注目する。２０２２年6月17日に開催されたＩＥＦには１２７カ国が参加した。対露制裁が続いているにもかかわらず、例年の参加国数１４０カ国から、わずか1割しか減っていない。

日本の主流メディアの報道にどっぷり浸かっている人々は、ロシアが世界のほとんどの国と敵対していると考えがちだが、ロシアが「非友好国」に指定したのは、わずか48カ国だった。主要国ではアメリカ、ＥＵ27カ国、イギリス、カナダ、オーストラリア、日本、韓国、シンガポール、台湾のみ。それ以外はサンマリノ、リヒテンシュタイン、ミクロネシア、北マケドニア、アイスランドなどの小国に過ぎない。こうした現実を突きつけた上で、副島氏は次のように語る。

「もっともシンガポールは、裏で中国ときちんと話をつけるだろうし、韓国は半分、中国やロシアと繋がっている。台湾は、『中国と戦えるわけがない』と台湾人の多くは思っています。アメリカが助けに来るわけ

副島隆彦・佐藤優 著
ビジネス社刊
1,650円（税込）

がないということも、国民の6、7割がわかっている」

そして副島氏が、ＩＥＦで新興国Ｇ８（エマージンクＧ８）を中心とするフォーラム参加国のタガが引き締まったと指摘すると、佐藤優氏は「新Ｇ８は、Ｇ４のような価値共同体ではありません。実利で結び付いた8カ国だから、意外と強いと思います」と応じる。そして、副島氏は「ということは、最後に残るヘンな国は日本だけです」（２１０頁）と言い切る。

では、露宇戦争の勝者はどちらか。副島氏は「非欧米の貧乏大国、資源大国同盟のほうが勝つ」と断言する。これに応じて佐藤氏は、２０２２年6月2日のイタリアのベルルスコーニ元首相の重要な発言を紹介する。

「ウクライナの状況は、西側が他の世界から孤立していることを示している。／ウクライナの危機に西側は結束して対応したが、しかし、その結果はロシアが西側から孤立しただけではなく、西側が残りの世界から孤立していることを示した。……西側とは何を意味しているのだろうか。アメリカ、ヨーロッパとアメリカと伝統的関係を保っている太平洋地域の一部の国にすぎない」（２１７、２１８頁）

さらに佐藤氏が「アフリカは54カ国もの国がありながら、一国もアメリカと協調していません」と指摘すると、副島氏は「ブチャの虐殺問題」の時の国連人権理事会決議を分水嶺として、「ついに非白人国家群が、欧米から離れました」と断じる。

本書では、本誌が糾弾してきた竹中平蔵氏についても語り合っている。

佐藤　私の見るところでは、竹中平蔵は根元的にアナーキストだと思っています。土地と利権で這い上がってきた人間ですね。

副島　アメリカが大事にしているんです。そして、スイスのダボス会議（世界経済フォーラム）の理事（ボード・メンバー）にもなったのだから、日本で一番偉い。ヨーロッパの奥の貴族たち（ディープステイト）に認められているのでしょう。

佐藤　それは間違いない。ダボス会議のネットワークに入っている。（44頁）

「陰謀論だ」と退ける前に、本書を一読してみてはいかがだろうか。

（評者　坪内隆彦）

井上芳保『鬼滅の社会学』（ミネルヴァ書房、1980円）

マンガ、そしてアニメが大ヒットした『鬼滅の刃』。本書はこの『鬼滅の刃』を題材に使いながら、現代社会に人々がなくしてしまった家族愛、武士道、そして侠の精神を問うものである。

『鬼滅の刃』の主人公、竈門炭治郎は家族を鬼に虐殺され、妹の禰豆子も鬼にされてしまう。炭治郎は妹を元に戻すため、命を懸けて鬼と闘う「鬼殺隊」に志願する。著者はこの物語に、近代社会の残酷さを象徴する鬼と、親子愛、兄弟愛、友情でそれに対抗する鬼殺隊という構図を見る。炭治郎が旭日旗の耳飾りをしているところにすら、「対米従属の継続という現実を考えると、また戦後の日本社会が戦前のことをすっかり忘却してきた事実を考えると、旭日旗はなかなか意味深長」だとまでいう。鬼殺隊は功利主義的価値観を超える存在として描かれていると主張するのだ。そして『鬼滅の刃』が描く侠の精神のありかについて、そしてそれをなぜ近代国家は疎んだのかについて、『史記』や『忠臣蔵』、新渡戸稲造『武士道』などを使いながら論じていく。著者は明らかに、どこもかしこも新自由主義者ばかりという状況を嘆き、資本主義が生み出した「鬼」に対抗するために、侠の精神による「受苦者の連帯」を模索している。

著者井上芳保は過剰医療を問題にしており、子宮頸がんワクチンの危険性の問題についても発信している人物だ（どちらかというとこちらの方が専門だろう）。

本書は欲望が人々を煽り際限なく肥大化し人々を追い詰める現代社会に対し、『鬼滅の刃』を使うことで踏み込みやすくしたうえで「侠の精神」を問うたものであろう。一方で『鬼滅の刃』も「侠の精神」を示すために著者が引用している古典的著作も両方知っている人は多くないのではないか。その意味で著者の狙いはどれほど成功しているのか未知数な面もある。しかしこの現代社会において新自由主義と対米従属という宿痾に切り込む著作の少ない現状に辟易している私のような人間からすれば、本書の登場は僥倖である。現代人が捨ててしまった浣瀾たる精神を取り戻すためにも、本書のテーマはより深められなくてはならない。それでこそ現代社会を牛耳る「鬼」を退治することが出来るのだ。

（評者　小野耕資）

窪田新之助・山口亮子『誰が農業を殺すのか』（新潮社、946円）

本書のタイトル「誰が農業を殺すのか」に答えよう。それは著者のような人たちであると！

本書は一言でいうと新自由主義者の農業論だ。我が国の農家数が2015年から20年までのわずか5年間で21・9％も減少し「大量離農」が進んでいることについても、そのほとんどは高齢者や零細農家であり、経営耕地面積の総計は5・6％しか減少していない。

つまり、大規模集約が進み生産性も向上しているので問題ないし、むしろ歓迎すべきことだと言い放つ。しかし農業は単なるカロリー供給のための産業ではなく、家族や故郷共同体と一体不可分である。家族営農を守る視点が全くない。

また2018年の種子法（主要農作物種子法）廃止によって、「日本の農業がグローバル企業に乗っ取られる」というものデマであるとし、その理由として、そもそもそもそも種子法は民間企業の参入を規制する法律ではないし、現状でグローバル企業は参入していないと言う。また種子法に基づく「推奨品種」の制度が、民間企業による多様な種子の開発を妨げているとし、その理由として、日本の米が短粒米ばかりで、東南アジアや南米で作られるような中粒米や長粒米が少ないことを挙げているのである。

しかし著者は同時に、2022年8月までに種子に関して民間と知見の交換があった都道府県が42、件数では420件もあったことを認めている。これは種子法廃止と同時に成立した農業競争力強化支援法で「都道府県の有する種苗に関する知見の民間事業者への提供を促進する」とあるとおりの結果であり、これから参入の津波が押し寄せる可能性があるということだ。種子法によって各地の風土に適した種子の多様性が守られ、安価で安心な種子が安定的に提供されてきた事実を無視している。

いずれにしても著者らにとって農業はＧＤＰを増やすための「成長産業」に過ぎず、そこには経済合理性では説明できない我が国の国体に根差した農業や安全保障の視点が全く抜け落ちている。新自由主義者の言い分が良く分かった。

（評者　折本龍則）

昭和維新顕彰財団

大夢舘日誌

令和四年四月～十二月

一般財団法人昭和維新顕彰財団は、神武建国から昭和維新に代表される「日本再建運動」に挺身した先人の思想と行動を顕彰・修養・実践を行うことを目的に設立され、会員、有志の方々の支援により、これまでに様々な活動を行ってきました。

「大夢舘日誌」は、事務局のある岐阜県の大夢舘から、財団の活動について報告していきます。この日誌によって、財団に対する一層の理解が頂けましたら幸いです。

四月十三日

五・一五事件九十周年を記念して、三上卓先生直筆の句集「獄中吟抄」発刊。一〇〇〇円にて頒布。大夢祭で来場者に配布することとした。『維新と興亜』編集部に一〇〇部贈呈。

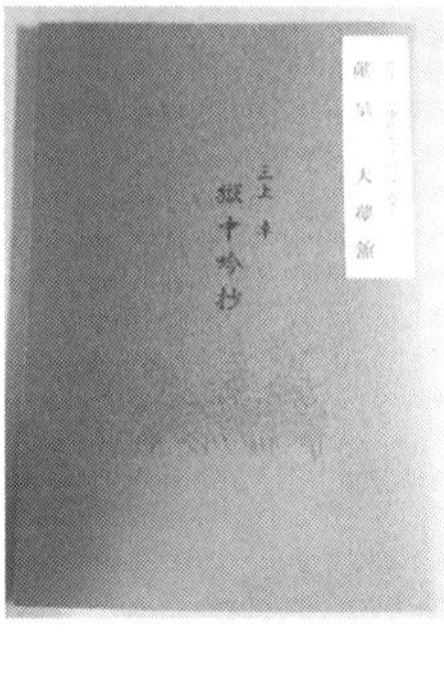

四月十七日・五月八日

「大夢の丘」清掃奉仕を実施。岐阜護国神社内にある「大夢の丘」には三上卓先生の作詞作曲された「青年日本の歌」の記念碑が建てられているが、財団では事務局や会員、有志とともに、概ね隔月で草刈りを実施している。

五月十五日

大夢祭催行、記念シンポジウム「五・一五事件九十年を迎えて」開催（於：ホテルグランヴェール岐山）。基調講演小山俊樹氏、パネリスト岡本幸治氏（欠席）、折本龍則氏、金子宗徳氏、クリストファー・スピルマン氏（欠席）、杉本延博氏、蜷川正大氏、司会中川正秀氏、総括坪内隆彦氏。（詳細は『維新と興亜　別冊五・一五事件九十周年　第五十回大夢祭』参照）

九月十八日・二十三日

「大夢の丘」清掃奉仕を実施。草刈機の故障や悪天候などに見舞われながらも、大行社岐阜支部、有志の協力によって清掃奉仕は無事に終了した。

十月二十九日

十月二十五日が三上卓先生の命日であることに合わせ、慰霊祭を大夢館内の祖霊社にて斎行。また、今後の財団の運営についての会議を行い、主に来年の大夢祭運営や史料館開設準備、五・一五事件のドキュメンタリー映画の企画について協議。

十二月五日

書家・柳田泰山氏より、来年開館予定の「青年日本の歌史料館」に設置する扁額の書を受領。また、史料館の内装が概ね完成した。

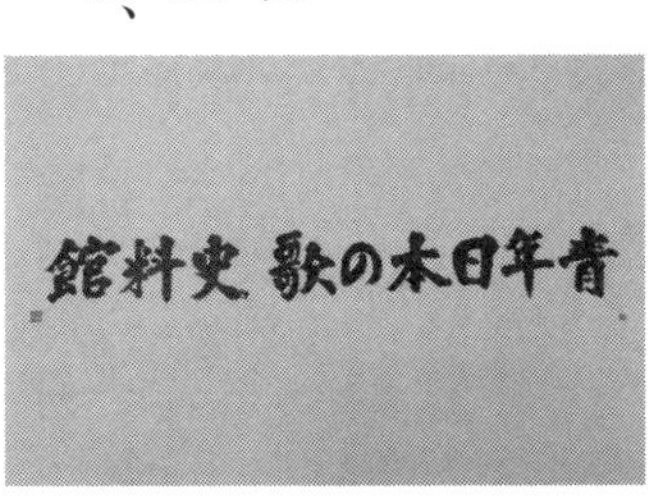

活動報告

・岐阜の大夢舘において**三上卓慰霊祭**及び一般財団法人昭和維新顕彰財団執行部会議を開催。坪内隆彦編集長、小野耕資副編集長が参加。（十月二十九日）

・**龍馬プロジェクト**関東ブロック研修会で折本龍則発行人が「**志士たちが学んだ日本を救う思想・水戸学とは？**」と題し講演。（十月三十一日）

・維新と興亜先哲墓参。白金氷川神社（建武神社）参拝→重秀寺**田中逸平**墓参→全生庵**山岡鉄舟**、**荒尾精**墓参、**山田良政**碑拝観→谷中霊園**来島恒喜**、**渋沢栄一**墓参。（十一月三日）。

・オンラインで維新と興亜塾　**橘孝三郎『日本愛国革新本義』を読む第十回**（講師：小野耕資）開催。（十一月九日）

・白山神社で**宮崎滔天没後百年祭**催行。白山神社には滔天と孫文が中国の行く末について腰掛けながら懇談したと伝わる石がある。（十二月三日）

・板橋区中台地域センターで**大アジア研究会主催「大アジア主義とは何か」講演会**開催。坪内隆彦「**王道アジア主義の系譜―西郷隆盛・石原莞爾・木村武雄**」、小野耕資「**岡倉天心と大川周明**」、折本龍則「**頭山満と内田良平**」の三講演の後、本誌顧問の**山崎行太郎氏**を加えて四名でアジア主義に関するトークショーを行った。中台は木村武雄がインドネシアの若者を保護した地。（十二月三日）

・オンラインで維新と興亜塾　**橘孝三郎『日本愛国革新本義』を読む**第十一回**【最終回】**（講師：小野耕資）開催。（十二月八日）

・「**第十二回東京民草の和をつなぐ会**」で坪内隆彦編集長が木村武雄について講演。（十二月十日）

・九月十七日に亡くなった、展転社元社長であり本誌顧問である「**藤本隆之さんを偲ぶ会**」をアルカディア市ヶ谷で開催。本誌からは折本龍則発行人、坪内隆彦編集長が呼びかけ人に名を連ねた。（十二月十一日）

※活動はyoutube「維新と興亜」チャンネルでも公開

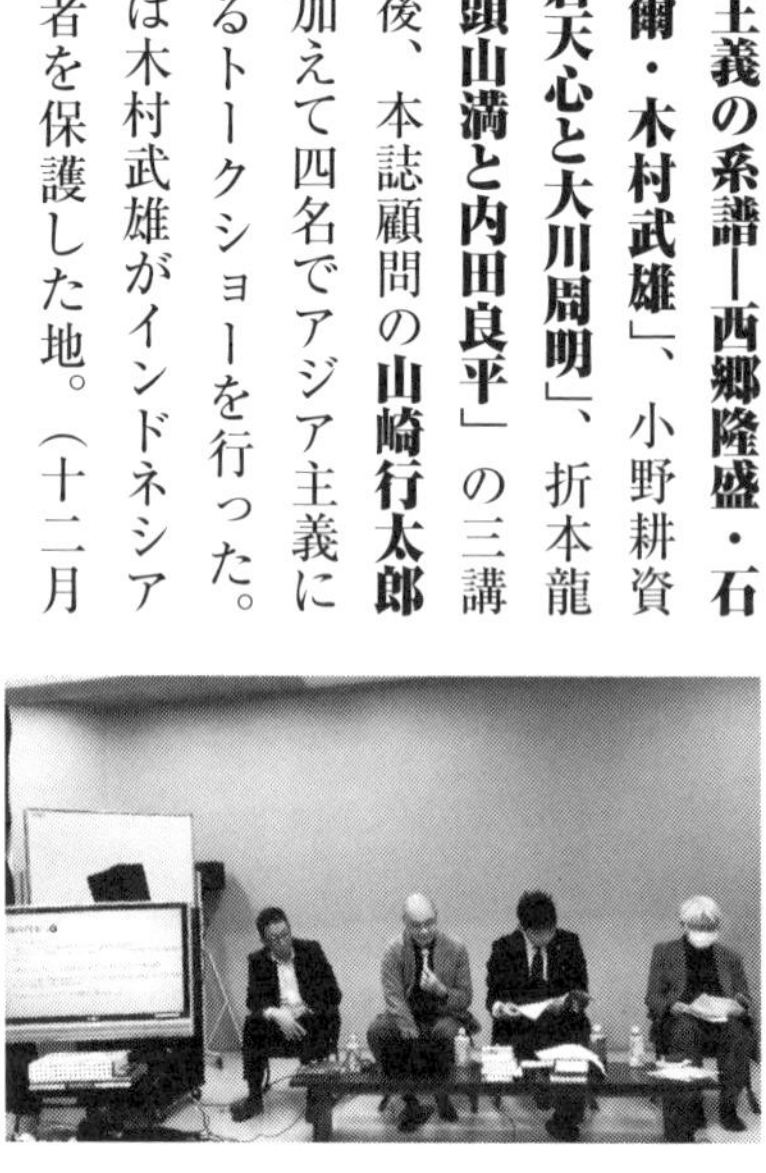

読者の声

■第十五号では、小野耕資副編集長による、前原一誠についての連載が始まった。前原一誠といえば、吉田松陰の弟子であり、かつ維新後には頭山満などとも交流があったというから、まさに『維新と興亜』にふさわしいテーマであろう。彼はまた、萩の変の首謀者としても知られるが、かつて同じ塾で学んだはずの前原と伊藤博文らが、なぜ敵味方に分かれて争わねばならなかったのか、そして、松下村塾の精神とは何だったのか、といった問題提起も重要だと感じた。（本荘秀宏）

■特集「いまこそ自主防衛を」を読み、自主防衛への転換を期待していたのに、２０００億円以上もかけてアメリカからトマホークを買うと聞いてがっかりです。日本の軍事産業の強化が急務です。（上谷要之助）

読者の皆様からの投稿をお待ちしています。
二百字程度の原稿をお送りください。
mail@ishintokoua.com

編集後記

★本来、愛国陣営が重視すべき農業問題について、既存の「保守雑誌」はあまり取り上げていないようです。本誌が繰り返し農業特集を組んで警鐘を鳴らそうとしている所以です。今回は、熊野飛鳥むすびの里で農業を実践している荒谷卓先生、農本主義を唱えた橘孝三郎門下の塙眞先生、篠原裕先生、金子弘道先生、そして新嘗祭の奉祝活動を三十八年間継続してきた小田内陽太先生にもご登場いただくことができました。

★今号では、全く別テーマのインタビュー、論稿でありながら、図らずも荒谷卓先生、西村眞悟先生、金子宗德先生が揃って八紘為宇（一宇）の重要性について言及されました。本誌がメインテーマとして掲げる「我が国の本来あるべき姿」という視点の重要性を改めて確信することができました。ありがとうございます。

★本誌が編纂に協力させていただいた『藤本隆之遺文集　尊皇愛国の志と情』は、多くの人に読んでいただきたい一冊です。ご希望の方はご連絡ください。無料で差し上げます（送料はご負担ください）。（Ｔ）

南出喜久治法律事務所

弁護士

南出喜久治

604—0093

京都市中京区新町竹屋町下る

徹ビル2階

電話　075—211—3828

mwest@gold.ocn.ne.jp

大夢舘

舘主

鈴木田愚道

日本学協会代表常務理事
前呉市長
小村和年

新しい教科書をつくる会
代表理事
髙池勝彦
112―0005 東京都文京区水道2―6―3
（社）日本出版協会ビル203

蜷川正大

百折不撓 和光同塵
皿鉢会
土佐政経研究所
780―0841 高知市帯屋町一―一〇―一三

元日本郵便副会長
稲村公望

元陸将
元ハーバード大学
アジアセンター上級客員研究員
福山隆
177―0042 練馬区下石神井1―1―43―310

謹賀新年

小山俊樹

三島由紀夫研究会
代表幹事 玉川博己
108―0073 東京都港区三田2―9―5 みずほビル2階

楠香荘
楠林正將

維新政党・新風
代表 魚谷哲央
604―0934 京都市中京区麩屋町通二条下ル 第2ふじビル4階

昭和維新顕彰財団
会長 岡本幸治

祖国再生同盟
代表 木原功仁哉
657―0044 神戸市灘区鹿ノ下通2―4―14―1F

謹賀新年

西郷隆盛に学ぶ
敬天愛人フォーラム21
代表世話人 内 弘志
101―0048
千代田区内神田3―18―5
神多ビル4階
電話 03―5295―2571

金子宗德 責任編集
永遠に新しい、日本
月刊『国体文化』
180―0014
東京都武蔵野市関前5―21―33

京都産業大学名誉教授
ロマノ・ヴルピッタ

株式会社二十一世紀書院
論説委員 林 雄毅
247―0071
神奈川県鎌倉市玉縄1―12―5

堀 茂

稲 貴夫

宗教の視点から社会をえぐる
ノンフィクション・マガジン
季刊『宗教問題』編集部
134―0084
東京都江戸川区東葛西5―13―1―713

伝統文化研究家
原 嘉陽（よしあき）

医師
福山耕治

鎮守の杜研究家・園芸文化研究家
賀来宏和

意見広告 『維新と興亜』の趣旨に賛同し、道義国家日本の再建を目指します。

衆議院議員
福島伸享
100―8982
東京都千代田区永田町2―1―2
衆議院第二議員会館419号室

谷秦山先生墓所所在
高知県香美市長
依光晃一郎

旭市議会議員
戸村ひとみ
289―2715
旭市横根1333―9
電話 090―1848―3569

日本国民党
代表 鈴木信行
103―0014
中央区日本橋蛎殻町1―6―4
第三カネタツビル103
電話 03―5642―0008

神奈川県大和市議会議員
古木邦明
242―0002
大和市つきみ野3―3―11
furukikuniaki@gmail.com
電話 080―2065―7376

奈良県御所市議会議長
杉本延博
639―2217
奈良県御所市新地町161番地

山口県岩国市議会議員
石本崇

茨城県常総市議会議員
小林剛

≪執筆者一覧（掲載順）≫

坪内隆彦　（本誌編集長）
折本龍則　（浦安市議会議員・崎門学研究会代表）
小野耕資　（本誌副編集長・大アジア研究会代表）
鈴木宣弘　（東京大学大学院農学生命科学研究科教授）
安田節子　（食政策センター・ビジョン21代表）
荒谷　卓　（熊野飛鳥むすびの里代表）
金子弘道　（橘孝三郎研究会・帝京大学客員教授）
篠原　裕　（橘孝三郎研究会事務局・元楯の会1期生）
塙　眞　（橘孝三郎研究会顧問）
小田内陽太　（新嘗の会世話人）
稲村公望　（元日本郵便副会長）
西村眞悟　（元衆議院議員）
木原功仁哉　（祖国再生同盟代表・弁護士）
倉橋　昇　（歴史学者）
金子宗德　（里見日本文化学研究所所長・亜細亜大学非常勤講師）
川瀬善業　（株式会社フローラ会長）
森田忠明　（一般社団法人日本経綸機構前代表理事）
杉本延博　（奈良県御所市議会議長）
玉川可奈子　（歌人）
福山耕治　（医師）

道義国家日本を再建する言論誌
維新と興亜　第十六号
令和四年十二月二十八日　発行
編　集　崎門学研究会　大アジア研究会
発行人　折本龍則（望楠書房代表）
〒279—0001
千葉県浦安市当代島1—3—29アイエムビル5F
TEL　047—352—1007（望楠書房）
Email　mail@ishintokoua.com
URL　https://ishintokoua.com
印　刷　中央精版印刷株式会社

※　次号第十七号は令和五年二月発行